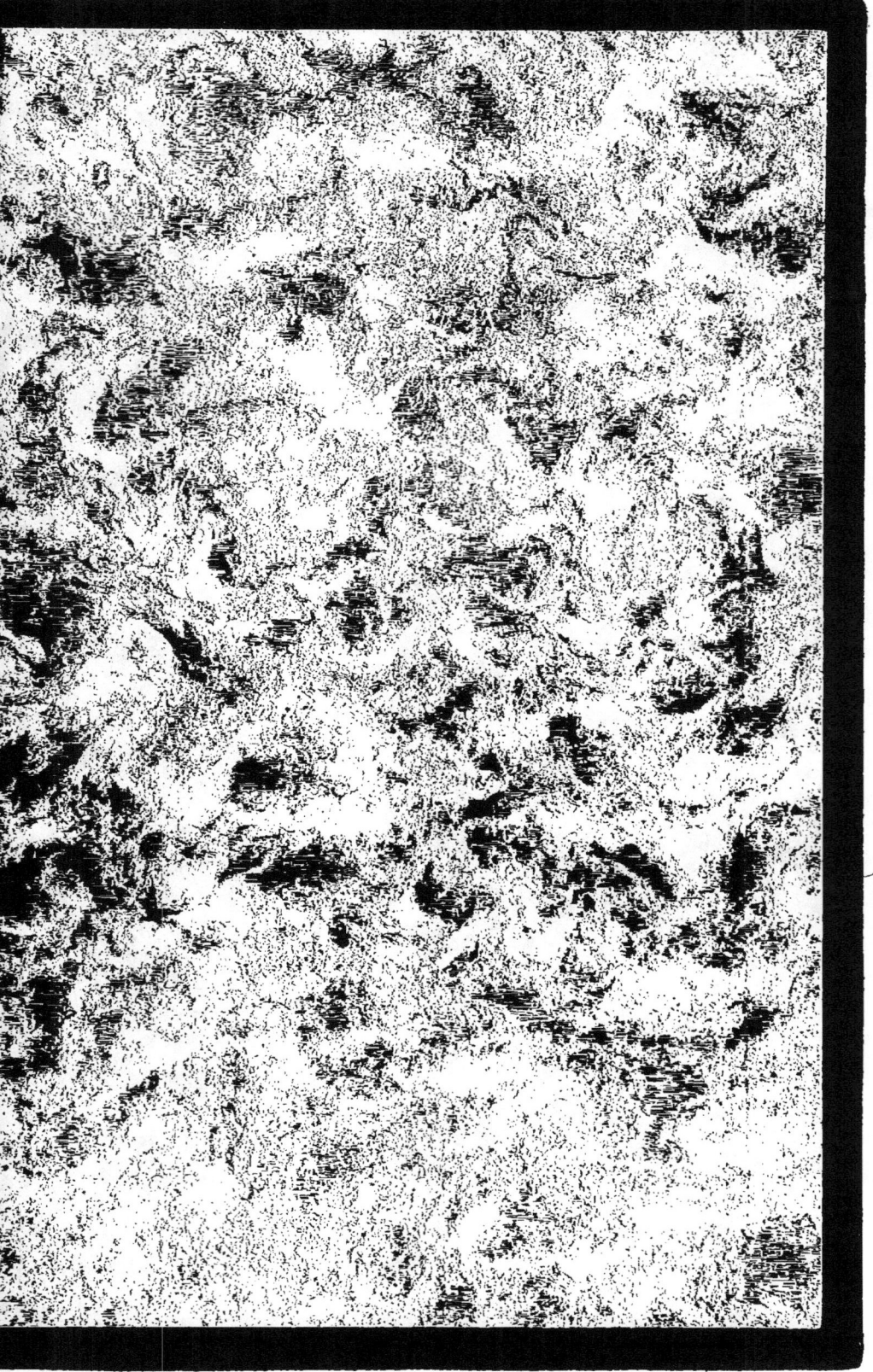

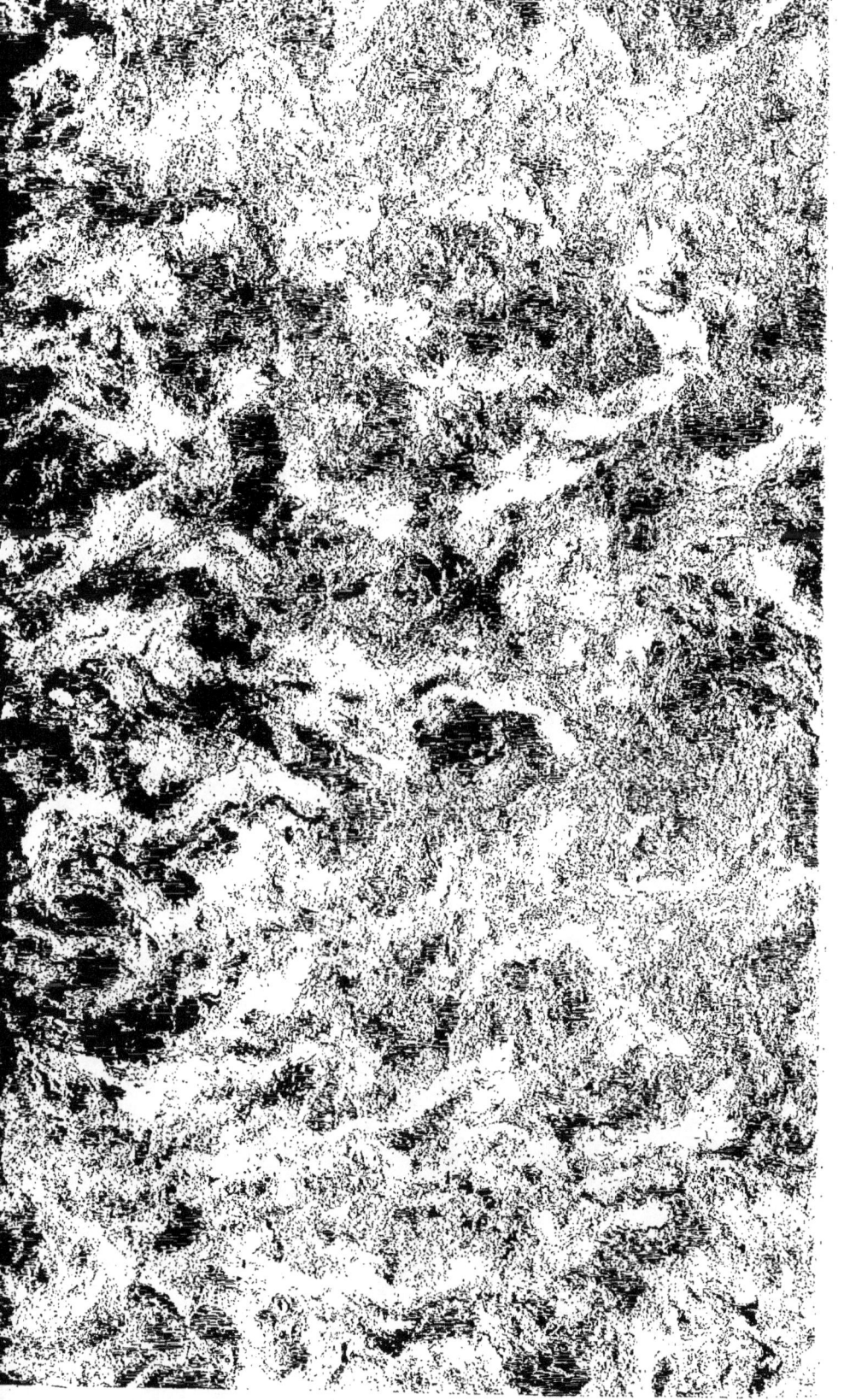

MOLINIÈ 1985

SAINT-CYR

Médaille commémorative de la fondation de Saint-Cyr
tirée de la Grande Suite de LOUIS XIV.

à conserver

Médaille commémorative de la fondation de Saint-Cyr, tirée de la Grande Suite de LOUIS XIV.

SAINT-CYR

HISTOIRE

DE LA

MAISON ROYALE DE SAINT-LOUIS

ÉTABLIE A SAINT-CYR

POUR

L'ÉDUCATION DES DEMOISELLES NOBLES DU ROYAUME

PARIS

TYPOGRAPHIE LACRAMPE ET Ce,
rue Damiette, n. 2

1845

AUX DAMES DE SAINT-LOUIS.

Mesdames,

Ce volume, fragment d'un ouvrage non terminé encore, sur madame de Maintenon et le règne de Louis XIV, n'est point destiné au public.

C'est uniquement pour vous être offert,

ainsi qu'aux personnes élevées à Saint-Cyr qui existent encore, qu'il a été détaché de l'ensemble auquel il appartient. Le temps qui emporte les générations si vite, et qui, dans le siècle où nous sommes, emporte plus vite encore les événements et les projets, nous ordonne de nous hâter. Un peu plus tard, ce récit ne trouverait ni témoins des choses qu'il raconte, ni personne qui s'émût à leur souvenir.

Veuillez donc accepter cet hommage qui vous est dû ; et que ces derniers échos de Saint-Cyr aillent consoler la fin de vos jours, en vous rappelant les jeunes années que vous avez passées dans ce saint asile, et en vous faisant entendre une voix qui s'associe à votre vénération pour celle qui l'avait fondé.

Agréez, Mesdames, l'assurance du profond respect avec lequel j'ai l'honneur d'être,

Votre très-humble et très-obéissant serviteur.

LE DUC DE NOAILLES.

Décembre 1842.

SAINT-CYR

HISTOIRE

DE

LA MAISON ROYALE DE SAINT-LOUIS

ÉTABLIE A SAINT-CYR

POUR

L'ÉDUCATION DES DEMOISELLES NOBLES DU ROYAUME

Madame de Maintenon dit un jour : « Tout le
« monde croit que, la tête sur mon chevet, j'ai
« fait le beau plan de Saint-Cyr. Cela n'est point.
« Dieu a conduit Saint-Cyr par degrés. Si j'avais
« fait un plan, j'aurais envisagé toutes les peines
« de l'exécution, toutes les difficultés, tous les dé-
« tails; j'en aurais été effrayée. J'aurais dit : Cela

« est fort au-dessus de moi, et le courage m'aurait
« manqué. Beaucoup de compassion pour la no-
« blesse indigente, parce que j'avais été orpheline
« et pauvre moi-même, un peu de connaissance de
« son état, me firent imaginer de l'assister pendant
« ma vie. Mais en projetant de faire tout le bien
« possible, je ne projetai point de le faire encore
« après ma mort. Ce ne fut qu'une seconde idée
« qui naquit du succès de la première. Puisse cet
« établissement durer autant que la France, et la
« France autant que le monde! Rien ne m'est plus
« cher que mes enfants de Saint-Cyr[1]. »

Saint-Cyr, dont on verra ici le commencement et la fin, n'a pas vécu autant que la France, mais autant que la monarchie. Il a péri avec elle, et est tombé sous le même coup qui a frappé la no-

---

[1] Entretien de madame de Maintenon avec madame de Glapion.

blesse, dont il était à la fois une dépendance et un soutien. Il n'en est pas moins intéressant de connaître l'origine et les développements de cette institution, l'une des plus belles et des plus utiles de Louis XIV, qui fut une œuvre politique en même temps qu'une œuvre pieuse et charitable, et qui a tenu tant de place dans la vie de madame de Maintenon. Ce fut le monument qu'elle laissa de sa faveur, et son plus beau titre à la reconnaissance et au respect de la postérité. Il sert d'ailleurs à compléter la singularité de sa destinée, qui, d'une condition ordinaire et malheureuse, l'a élevée si près du trône, et, tout en la laissant à la tête de la cour, en a fait une supérieure de couvent.

Avant d'être auprès du roi, madame de Maintenon passait souvent les étés au château de Monchevreuil[1], chez madame de Monchevreuil, son amie. Elle y connut une religieuse ursuline, nommée madame de Brinon², dont le couvent avait été ruiné, et qui lui plut par sa piété, sa vertu et son esprit. Cette religieuse, voulant mettre autant que possible en pratique son vœu d'instruire la jeunesse, se consacrait à l'éducation de quelques enfants du village; elle finit par former un petit établissement qu'elle transporta à Montmorency (1680), et qui lui fournit le moyen d'exister. Ses ressources étaient modiques, et, se trouvant dans un besoin pressant, elle eut la pensée de recourir à madame de Maintenon, alors à la cour, qui était établie à Saint-Germain. Madame de Maintenon la reçut avec bonté; elle fut touchée du récit de ses peines, l'encouragea dans son entreprise, lui promit de l'aider, et commença par lui confier plusieurs enfants qu'elle faisait élever charitablement dans divers lieux. De temps en temps elle allait elle-même à Montmorency pour observer leurs progrès, et en revenait toujours charmée. Pour se donner plus souvent ce plaisir, et pour surveiller davantage cette bonne œuvre, elle proposa à madame de Brinon de transférer son établissement à Ruel, ce qui se fit en 1682[3].

Madame de Maintenon loua une maison à ses frais, la meubla, y établit une chapelle avec un aumônier, fit venir des personnes entendues pour aider madame de Brinon, qui avait déjà appelé auprès d'elle une de ses anciennes compagnes, la sœur de Saint-Pierre; elle pourvut enfin à toutes les choses nécessaires, et augmenta les pensionnaires, qui s'élevèrent bientôt au nombre de soixante. La maison, de cette sorte, était presque entièrement à sa charge. Elle voulut que les pauvres de ses terres eussent particulièrement part à ce bienfait, et elle fit venir un certain nombre de filles, de Maintenon et des environs, qu'elle mit au bas de la maison de Ruel, séparées des pensionnaires, avec des maîtresses pour les instruire. Elles étaient nourries et entretenues à ses frais, vêtues d'un habit de serge bleue, et élevées conformément à leur état; elles apprenaient à filer, tricoter, coudre, et rendaient des services dans la maison [4].

Tel fut le berceau de Saint-Cyr.

Madame de Maintenon se dérobait souvent au tumulte de Versailles, pour aller à Ruel. Elle assistait aux exercices, encourageait par sa présence et par ses instructions, s'informait de la conduite de chaque pensionnaire, et visitait assidûment aussi ses petites paysannes, qu'on appelait les *filles bleues*, auxquelles elle faisait le catéchisme, dans une étable, où elles se tenaient souvent pendant l'hiver, comme cela se fait dans les campagnes; car on ne voulait leur donner aucune habitude étrangère à leur condition. Elle se plaisait là plus qu'à la cour. « Que « j'ai d'impatience, écrit-elle à madame de Brinon, « de me retrouver dans cette étable que j'aime « tant! » Elle s'y plaisait tellement, qu'elle trouva Ruel encore trop loin, et profita d'une circonstance qui s'offrit, pour rapprocher d'elle ces jeunes filles, qu'elle regardait comme ses enfants.

Louis XIV achevait, à cette époque, son magnifique établissement de Versailles, dont la splendeur et les proportions convenaient si bien à sa majestueuse royauté : il s'occupait de l'agrandissement du petit parc et de la clôture du grand [5]; il avait acquis à cet effet un certain nombre de fermes et de maisons qui s'y trouvaient renfermées, et dont les bâtiments lui étaient inutiles. Madame de Maintenon le pria de lui en prêter un pour sa petite communauté de Ruel. Le roi mit à sa disposition le château de Noisy (1683), qu'il fit réparer et ajuster à l'usage qu'on se proposait.

C'était un assez gros corps de logis avec quatre pavillons, dont deux sur le devant, deux sur le derrière du château, et deux autres pavillons encore au bas de l'avant-cour ; il était entouré d'un joli bois bien percé d'allées, et de deux potagers assez vastes. On disposa l'intérieur de manière à pouvoir y placer des classes, des dortoirs, un réfectoire, une chapelle. Le roi y dépensa, disent les manuscrits de Saint-Cyr, dix mille écus, et fit fournir la maison de tous les gros meubles nécessaires. Au bout de quatre mois tout fut prêt, et le 3 février 1684, la communauté y fut transférée. Les filles bleues vinrent quelques jours après, et furent établies dans un pavillon au pied du château, où elles suivirent les mêmes règles qu'à Ruel.

La communauté prit alors plus d'importance, et une forme plus régulière. On donna aux demoiselles un habit d'étamine brune du Mans. On les partagea en quatre classes, distinguées par des rubans de différente couleur. Les plus grandes portaient le ruban bleu, celles d'après, le vert, celles qui suivaient, le jaune, et les plus petites, le rouge[6]. Ces distinctions furent conservées à Saint-Cyr. On fit de meilleurs règlements; on augmenta le nombre des maîtresses; la partie des études fut plus soignée. Madame de Maintenon, pensant que ces jeunes filles pourraient un jour être placées auprès de quelques dames, voulut qu'elles sussent broder, et elle établit dans l'avant-cour un des premiers brodeurs du roi, avec trois ou quatre brodeuses dont les leçons mirent bientôt les élèves en état de broder pour le roi un lit d'une grande beauté, dont le fond était de velours cramoisi, et la broderie de soie, d'or et d'argent[7]. Ces travaux de broderie se continuèrent à Saint-Cyr, et produisirent de très-beaux ouvrages.

Le roi voulut coopérer lui-même à la bonne œuvre, et se chargea de cent pensionnaires dont il paya la pension sur le fonds de ses aumônes, et dont il laissa la nomination à madame de Maintenon, à laquelle il renvoyait les demandes qu'on lui adressait.

Madame de Maintenon allait à Noisy presque tous les jours ; elle visitait les classes, l'infirmerie, la cuisine, mangeait au réfectoire, veillait à tout, et entrait dans tous les détails, comme elle fit toujours depuis à Saint-Cyr. Lorsque quelqu'une des élèves était malade, elle amenait les médecins de la cour, ou établissait la malade chez elle, à Versailles, pour qu'elle fût mieux soignée ; elle montrait enfin tout le zèle d'une vraie supérieure, et toute la vigilance, toute la bonté d'une mère. Cet établissement fit bientôt du bruit; il devint à la mode de prier madame de Maintenon d'y conduire ; et, comme on vit bien que c'était faire sa cour que de le louer, on ne manquait pas, au retour, de faire de grands éloges de tout ce qu'on avait vu. Elle-même en parlait avec la satisfaction d'une bonne action entreprise avec succès.

Un jour, un grand bruit se fait entendre à la porte de Noisy : c'était le roi avec toute sa suite, qui revenait de la chasse, et n'était attendu par personne. La dame portière, que le suisse ordinairement venait prévenir quand quelqu'un se présentait, et dont le devoir était d'aller prendre les ordres de la supérieure, répondit sans s'émouvoir, lorsqu'on lui annonça le roi, qu'elle allait avertir madame de Brinon ; et elle y alla en effet avec sang-froid et gravité, pendant que le roi attendait à la porte. Celle-ci accourut, et fit d'humbles excuses à Sa Majesté, qui loua au contraire la parfaite régularité de la portière, et visita toute la maison avec un grand intérêt, accompagné par madame de Brinon, qui ne parut pas plus embarrassée que si elle eût vécu de tout temps à la cour; ses manières et son langage plurent beaucoup au roi. Il parcourut les classes, assista aux exercices, et fut conduit à la tribune de la chapelle, où les demoiselles se réunirent et chantèrent le *Domine salvum fac regem*. On leur recommandait toujours une grande décence à l'église, et il leur était défendu de regarder d'un côté ou de l'autre, et encore moins du côté de la tribune quand il y venait des étrangers. Personne n'osa donc tourner la tête, malgré le désir de voir le roi. Une seule de ces demoiselles avait trouvé le moyen d'accommoder sa coiffe de façon qu'elle voyait Sa Majesté sans paraître la regarder. Le roi, qui le remarqua fort bien, lui sut gré de cette petite ruse. Il s'informa de son nom; elle s'appelait mademoiselle de Braye. Il se souvint toujours d'elle, et plus tard il lui en donna des marques [6].

Cette visite du roi porta des fruits; il fut frappé des avantages d'un pareil établissement plus développé et bien conduit, et madame de Maintenon en prit occasion de lui représenter avec vivacité tout le bien que, par ce moyen, il pourrait faire. Elle avait toujours été touchée du sort de la noblesse pauvre : elle ne pouvait voir sans attendrissement des personnes de condition dans le malheur; après s'être épuisée à les secourir, elle les consolait, en se montrant comme exemple des retours de la fortune et de la confiance qu'il fallait avoir en Dieu. Elle les cherchait de préférence, pour placer leurs enfants dans son établissement de Noisy ; elle se souvenait de ce qu'elle avait eu à souffrir elle-même dans un état voisin de l'indigence, et elle avait souvent songé à l'utilité dont serait une maison uniquement destinée à élever les filles des gentilshommes sans biens.

Dans notre ancienne monarchie, la noblesse était exempte de l'impôt ; mais il y avait un impôt d'une autre nature, l'impôt du sang, qui pesait spécialement sur elle. A la convocation du ban, le gentilhomme devait tout au roi, sa fortune et sa vie. Le service militaire était à la fois son noble privilége et sa dette envers l'État. De là naissait ce sentiment de l'honneur dont le corps de la noblesse faisait en quelque sorte profession, comme chargé de représenter, sous ce rapport, la nation elle-même, sentiment qui inspire l'émulation et les sacrifices, se mêle à la vie entière, se transmet comme un héritage aux générations, et que Montesquieu appelle le principe de la monarchie. Ce n'est pas que toute la nation n'ait été en réalité associée à la gloire de ce beau règne par les nombreuses armées que Louis XIV assembla sous le drapeau ; et, avant même de songer aux familles nobles, il avait pensé à donner un asile aux vieux jours du soldat français dans le magnifique édifice des Invalides, dont le modèle n'existait encore nulle part, et dont Saint-Cyr fut un modeste pendant. Mais l'état militaire était le partage particulier de la noblesse, et, loin d'y trouver le moyen de s'enrichir ou de vivre même avec aisance, elle servait le plus ordinairement à ses frais, et la guerre la ruinait souvent. C'était donc une généreuse pensée que de réparer ainsi, en partie au moins, de pareils sacrifices; et la noblesse de province, trop souvent oubliée à la cour, eut une profonde reconnaissance pour la personne qui forma ce dessein.

Madame de Maintenon le suggéra au roi, qui comprenait si vite toutes les grandes pensées, et à qui il suffisait d'indiquer le bien pour qu'il le fît avec magnificence.

Le projet d'un établissement fut aussitôt formé, où deux cent cinquante filles nobles seraient gratuitement élevées, nourries, habillées et entretenues depuis l'âge de sept ans au moins et de douze au plus, jusqu'à celui de vingt. A cet âge, une dot de trois mille livres leur serait accordée, plus un trousseau, et cent cinquante livres pour leur voyage, soit qu'elles voulussent se marier, soit qu'elles voulussent entrer dans un couvent, où on leur donnait souvent entrée gratuite dans les abbayes royales dont le roi avait la nomination * 10.

---

* Lettres patentes de fondation, 7 juin 1686.

Trente-six dames formeraient la communauté, et vingt-quatre sœurs converses seraient chargées du service de la maison [11]. Pour suffire aux frais de cet établissement, on lui affecta un revenu composé de la dotation en propre de la manse abbatiale de Saint-Denis, produisant cent mille livres de rente, et vacante depuis la mort du cardinal de Retz, dernier abbé commendataire; de cinquante mille livres prélevées sur la généralité de Paris, en attendant qu'on trouvât des fonds de terre jusqu'à concurrence de cette somme; du domaine de Saint-Cyr, acheté à M. de Saint-Brisson, et produisant seize cents livres; enfin d'un fonds de soixante mille livres de rente à prendre également sur la généralité de Paris, uniquement destiné à la dotation des demoiselles, de telle sorte que les excédants sur ce fonds, à la fin de l'année, fussent conservés à part, et consacrés, lorsqu'ils auraient formé une certaine somme, à augmenter les dots *[12].

Ce fut une grande joie à Noisy lorsque, le 16 août 1684, madame de Maintenon vint y annoncer cette nouvelle.

On s'occupa aussitôt du lieu où serait placé l'établissement. Il fallait que ce fût près de Versailles, afin que madame de Maintenon pût y aller souvent. Noisy n'était pas assez considérable, et manquait d'eau. On songea à Versailles même ; mais madame de Maintenon, prévoyant tous les inconvénients de cette situation dans le sein d'une ville et au milieu de la cour, s'y opposa. Enfin M. de Louvois** et Mansard***, chargés de chercher le lieu le plus favorable dans les en-

---

* Lettres patentes de fondation
** Surintendant des bâtiments.
*** Architecte du roi.

virons, n'en trouvèrent pas de plus convenable que Saint-Cyr.

Il y avait deux fiefs à Saint-Cyr, l'un appartenant aux religieuses bénédictines, l'autre à M. le marquis de Saint-Brisson, avec un petit château.

On songea d'abord au monastère des dames bénédictines, susceptible d'agrandissement, et dont la situation était agréable. Le roi leur fit proposer un échange qui ne leur aurait été qu'avantageux. Ces bonnes religieuses, accoutumées à leur couvent, qui datait, disaient-elles, du roi Dagobert, furent bien troublées d'une pareille proposition, et se crurent perdues à l'idée de passer dans un monde nouveau, à quelques lieues de l'autre côté de Paris, où on proposait de les établir : elles se mirent en prières, firent des jeûnes et des austérités pour détourner le danger qui les menaçait ; et, en même temps, elles confièrent leurs intérêts à un abbé d'Aligre, prieur de Saint-Jacques, parent de l'abbesse, abbé entendu et fort sur la chicane, à ce qu'il paraît, qui fit mille difficultés à M. de Louvois sur les évaluations et les échanges, quand celui-ci vint traiter avec les religieuses. M. de Louvois serait assez promptement venu à bout de leur résistance; mais le roi et madame de Maintenon, sur le rapport qu'on leur fit, ne voulurent point qu'on troublât la paix de ces bonnes sœurs, et firent chercher autre part. Celles-ci rendirent à Dieu de grandes actions de grâces de ce dénouement, qu'elles attribuèrent plus à leurs jeûnes et à leurs prières qu'à la bonté du roi et aux chicanes du prieur.

On se rejeta alors sur le petit château, possédé par M. le marquis de Saint-Brisson, et on le lui acheta pour la somme de quatre-vingt-dix mille livres [13].

Mansard fit le plan des bâtiments, et l'on commença à construire le 1ᵉʳ mai 1685. Le roi, pour accélérer les travaux, donna des troupes, qui campèrent dans les environs. On y vit neuf cents maçons, quatre cents tailleurs de pierres, les autres ouvriers en proportion; en tout, deux mille quatre cents travaillant à la fois.

Madame de Maintenon se chargea du soin de l'ameublement, et s'en occupa elle-même, entrant dans les plus grands détails avec beaucoup d'ordre et d'économie. Elle fit tout faire sous ses yeux; elle chargea des achats Manseau, son intendant, homme intelligent et sûr, qu'elle avait beaucoup employé déjà dans l'établissement de Noisy, et qui le fut beaucoup dans la suite à Saint-Cyr, et mademoiselle Balbien, cette Nanon, son ancienne servante dans le temps de sa misère, qu'elle conserva toujours près d'elle à la cour, et qui était une personne de confiance et fort entendue. La dépense s'éleva à cent cinquante mille livres.

Au reste, on a une note de la main du roi, qui prouve à quel point il s'occupait de cette affaire, et savait entrer dans les détails, sans être détourné pour cela de soins plus importants.

NOTES DE LA MAIN DU ROI POUR L'ÉTABLISSEMENT DE SAINT-CYR.

Lettres patentes bien dressées.

Biens à donner pour la fondation.

Ornements à faire pour l'église.

Meubles de toutes sortes.

Choix d'un homme d'affaires.

Choix d'un conseiller d'État pour assister aux comptes.

Provisions par avance, pour que rien ne manque au 1er juillet, jour que les demoiselles entreront à Saint-Cyr.

Proposition de donner des revenus plus qu'il n'en faut pour l'entretien de la maison, à condition de marier les demoiselles sur le revenant-bon.

Somme honnête mise à part pour les besoins qu'on pourrait avoir.

Règlement à faire.

Constitutions bien examinées.

Bons sujets à choisir.

Voir à peu près l'état où la dépense ira.

Précautions à prendre contre le désordre, tant dans les mœurs que dans l'administration des biens.

Défendre tous présents.

Défendre qu'on acquière plus de biens.

Défendre de bâtir pour agrandir la maison.

Spécifier l'âge et le temps que les filles seront reçues et demeureront dans la maison [*].

---

[*] Mémorial de Saint-Cyr.

Pendant tous ces préparatifs, l'abbé Gobelin examinait à Noisy la vocation de celles des élèves qui, ayant du goût pour la retraite et des talents pour l'éducation, étaient disposées à entrer dans la nouvelle communauté. On les sépara des autres, et on leur fit faire un noviciat qui commença au mois d'octobre 1685 [14], et dura à peu près six mois. Il fut dirigé par l'abbé Gobelin et madame de Brinon.

Il ne s'agissait point d'en faire des religieuses; le roi les aimait peu. On voulait une communauté de filles pieuses, propres à élever chrétiennement la jeunesse, qui eussent les vertus des cloîtres sans en avoir les pratiques minutieuses; qui fussent détachées du monde, mais capables d'y paraître. Madame de Brinon y était parfaitement propre, et ce fut en effet l'esprit des constitutions qui furent rédigées, et qu'on composa de ce qu'il y avait de mieux dans les constitutions de l'ordre des Ursulines et de celui de la Visitation. Madame de Maintenon et madame de Brinon y travaillèrent ensemble. Racine et Boileau en revirent le style, et l'esprit en est plein de sagesse, de prudence et d'une spiritualité très-éclairée. Pendant qu'on y travaillait, le roi fit venir plusieurs fois madame de Brinon à Versailles, où il la reçut dans son cabinet, lui fit tout lire, et donna même son avis sur plusieurs points.

Il fut décidé que les dames de la communauté porteraient le nom de Dames de Saint-Louis; qu'elles s'appelleraient madame et non ma sœur; qu'elles feraient des vœux simples d'obéissance, de chasteté, de pauvreté et d'éducation des demoiselles, et non des vœux absolus. Plus tard, on revint sur cette pensée, et les Dames de Saint-Louis firent, en 1693, des vœux absolus sous la règle de Saint-Augustin.

Comme on fondait une communauté, et non un couvent, le roi ne voulut point d'habit religieux pour les professes. Madame de Maintenon en composa un qui était grave, noble et simple à la fois, et en fit habiller mademoiselle Balbien, qu'elle fit entrer un jour chez Sa Majesté, pour qu'elle en jugeât elle-même. Le roi approuva l'habit, à l'exception du bonnet, qu'il trouva trop mesquin, et dont madame de Maintenon corrigea la simplicité, pour lui plaire [15].

Cependant l'édifice s'élevait avec rapidité. En quinze mois, tout fut achevé, et coûta quatorze cent mille livres.

Parut alors l'édit d'érection, au mois de juin 1686. Le roi, dans le préambule, s'exprime en ces termes : « Comme nous ne pouvons assez témoigner « la satisfaction qui nous reste de la valeur et du « zèle que la noblesse de notre royaume a fait

« paraître dans toutes les occasions, en secondant
« les desseins que nous avions formés, et que nous
« avons si heureusement exécutés avec l'assistance
« divine, pour la grandeur de notre État et pour
« la gloire de nos armes; la paix que nous avons
« si solidement affermie nous ayant mis en état de
« pouvoir étendre nos soins jusque dans l'avenir,
« et de jeter les fondements de la grandeur et de
« la félicité durable de cette monarchie, nous
« avons établi plusieurs compagnies dans nos
« places frontières, où, sous la conduite de divers
« officiers de guerre d'un mérite éprouvé, nous
« faisons élever un grand nombre de jeunes gen-
« tilshommes, pour cultiver en eux les semences
« de courage et d'honneur que leur donne leur
« naissance, pour les former, par une exacte et
« sévère discipline, aux exercices militaires, et les
« rendre capables de soutenir à leur tour la répu-

« tation du nom français. Et parce que nous avons
« estimé qu'il n'était pas moins juste et moins
« utile de pourvoir à l'éducation des demoiselles
« d'extraction noble, surtout pour celles dont les
« pères étant morts dans le service, ou s'étant
« épuisés par les dépenses qu'ils y auraient faites,
« se trouveraient hors d'état de leur donner les
« secours nécessaires pour les faire bien élever ;
« après l'épreuve qui a été faite par nos ordres,
« pendant quelques années, des moyens les plus
« propres pour y réussir, nous avons résolu de
« fonder et établir une maison et monastère, où
« un nombre considérable de jeunes filles issues
« de familles nobles, et particulièrement de pères
« morts dans le service, ou qui y servent actuelle-
« ment, soient entretenues gratuitement, et éle-
« vées dans les principes d'une véritable et solide
« piété, reçoivent toutes les instructions qui peu-

« vent convenir à leur naissance et à leur sexe,
« suivant l'état auquel il plaira à Dieu les appeler;
« en sorte qu'après avoir été élevées dans ce mo-
« nastère, celles qui en sortiront puissent porter,
« dans toutes les provinces de notre royaume, des
« exemples de modestie et de vertu, et contribuer,
« soit au bonheur des familles où elles pourront
« entrer par mariage, soit à l'édification des
« maisons religieuses où elles voudront se consa-
« crer entièrement à Dieu : auquel effet nous
« avons fait acquérir, construire et meubler de
« nos deniers la maison de Saint-Cyr, située près
« de notre château de Versailles, et il ne reste
« plus qu'à déclarer nos intentions, tant pour les
« fonds que pour les règlements nécessaires pour
« l'entière exécution d'un établissement si utile et
« si avantageux.

« Savoir faisons pour ces causes, etc. »

L'établissement fut alors définitivement fondé. Les demoiselles étaient nommées par le roi. Pour être admises, elles devaient produire un certificat de leur évêque, attestant qu'elles étaient pauvres, et faire preuve de cent quarante ans (quatre degrés) de noblesse du côté paternel seulement. On n'exigeait rien du côté maternel, pour que les mésalliances, assez fréquentes dans la noblesse indigente, ne fussent pas un obstacle. Les preuves étaient faites aux frais de la communauté, jamais aux frais des familles, dont les enfants étaient élevés et entretenus gratuitement, comme on l'a dit plus haut[*].

L'administration des biens fut confiée, ainsi que le réglait l'édit, à un conseil qu'on appela le conseil du dehors, composé d'un conseiller d'État,

---

[*] Lettres patentes, juin 1686 et mars 1694.

d'un avocat au Parlement, et de l'intendant de Saint-Cyr, choisi par la supérieure et son conseil, qu'on appela le conseil du dedans [16]. La dépense intérieure, faite par la supérieure et tenue par la dépositaire, était soumise tous les ans au conseil du dehors, et tout était réglé de manière que l'administration fût conduite avec le plus grand ordre et la plus grande sagesse. Mais la bulle du pape, nécessaire pour autoriser la réunion de la manse abbatiale de Saint-Denis à l'établissement de Saint-Cyr, et la suppression du titre d'abbé, ne put être obtenue que quatre ans plus tard, en 1689, à cause des démêlés du pape Innocent XI avec Louis XIV. Son successeur, Alexandre VIII, s'empressa de se prêter aux vues de Sa Majesté, et donna même le *gratis*, en renonçant au droit de soixante-dix mille livres, que le pape précédent avait réclamé pour ces bulles et leur amortissement, à cause de l'extinction du titre; il voulut, dit-il, « prendre part lui-même à cette œuvre intéressante, et témoigner en particulier à madame de Maintenon toute sa considération pour sa personne et ses vertus, » comme le rapporte la lettre du duc de Chaulnes, ambassadeur à Rome, qu'on lut à la communauté [17].

Défense fut faite à la maison de recevoir aucune augmentation de dotation et aucun don quelconque, si ce n'est de la part des rois et reines de France, et de madame de Maintenon *.

La juridiction spirituelle appartint à l'évêque de Chartres, et la direction fut confiée à un supérieur ecclésiastique, qui fut l'abbé Gobelin, et « comme ladite maison et communauté, est-il dit « dans les lettres patentes, a été fondée et érigée

---

* Lettres patentes de fondation.

« par les soins et sous la conduite de la dame de
« Maintenon, qui en a jeté les premiers fondements,
« elle ne peut être solidement établie et maintenue
« dans l'ordre et la discipline qui y est nécessaire
« pour l'exécution de nos intentions, et du bien
« qu'elle veut y procurer aux jeunes demoiselles qui
« y seront élevées et instruites, que par l'applica-
« tion, la direction et l'autorité de ladite dame
« de Maintenon, voulons et nous plaît que ladite
« dame de Maintenon ait la jouissance, sa vie du-
« rant, de l'appartement que nous avons fait
« construire en ladite maison, pour le logement
« de ladite dame; qu'elle y puisse entrer toutes
« fois et quantes qu'elle le souhaitera, et y de-
« meurer tant qu'il lui plaira, avec tel nombre
« de personnes qu'elle voudra se faire accompa-
« gner. Voulons, en outre, que, pour faire ob-
« server exactement la fondation et les règles,

« ladite dame jouisse dans ladite maison et com-
« munauté de toutes les prééminences, honneurs,
« prérogatives, et de toute l'autorité et direction
« nécessaires et telles qu'elles peuvent appartenir
« à un fondateur, sans qu'après elle ledit appar-
« tement, ni les prééminences, prérogatives,
« honneurs, autorité et direction puissent être
« accordées ni appartenir à une autre personne
« en vertu de quelque concession que ce soit. »

Le roi, en effet, avait voulu qu'il y eût pour madame de Maintenon un grand et bel appartement, composé de quatre grandes chambres, un cabinet, une galerie et un oratoire, donnant sur le maître-autel de l'église. « Madame, dit le Mémorial de Saint-Cyr, après s'en être servie pendant quelques années, en fit faire l'infirmerie, et prit pour elle un appartement beaucoup plus modeste. »

Quelque temps après la fondation, les dames

prirent la liberté d'offrir à madame de Maintenon, à titre de supérieure, et comme souvenir de ses bontés, une croix d'or avec le crucifix en relief, semée de fleurs de lis, renfermant à l'intérieur plusieurs reliques, et entourée de cette devise, qui s'appliquait également à la croix et à la personne à qui elle était offerte :

> Elle est notre guide fidèle,
> Notre félicité vient d'elle.

Madame de Maintenon donna plus tard cette croix à Madame de Glapion, lorsqu'elle fut élue supérieure, et voulut qu'elle la portât ainsi que les autres supérieures qui lui succéderaient.

Ces honneurs et ces prérogatives lui étaient bien dus, mais c'était contre son consentement qu'ils lui étaient attribués ; car une de ses principales qualités était une grande et sincère modestie. Elle aurait voulu n'être point nommée dans les lettres patentes; elle obtint de ne point l'être dans la médaille qui fut frappée en mémoire de la fondation, et où l'on représenta à sa place la figure de la piété. Cette médaille, conservée à la Bibliothèque du roi, représente d'un côté le buste du roi, lauré, avec l'inscription *Ludovicus magnus rex christianissimus*, et au revers : c.c.c. *puellæ nobiles Sancirianæ*, avec une vue de la maison de Saint-Cyr, et la figure de la Piété, étendant la main sur une dame de Saint-Louis, et s'appuyant sur l'épaule d'une autre dame; dans le fond et tout autour, des demoiselles de Saint-Cyr, et à l'exergue : *Pietas* MDCLXXXVII[18].

Enfin le roi voulut que les employés de la maison portassent sa livrée, et que la maison, destinée à des familles nobles, eût des armoiries. Madame de Maintenon les composa d'un écu d'azur à une croix haussée d'or, semée de fleurs de lis de même, et surmontée d'une couronne royale aussi d'or, le croison et le bas du fût de la croix terminés chacun par une fleur de lis d'or*. Il nous faut entrer dans tous ces détails. Ils appartiennent, non-seulement au sujet, mais au temps dont nous parlons. Ce temps ne fut pas seulement celui de la grandeur, il fut celui du bon ordre, de la raison, de la maturité en toute chose. Tout s'y faisait avec mesure, réflexion et prévoyance. On ne se sentait point emporté par les événements ni même par le tourbillon de la gloire; il semblait qu'on fût maître du temps comme de la destinée : les esprits étaient posés; chacun était à sa place, appliqué à ce qu'il avait à faire, et quand on entreprenait une chose on n'oubliait rien. Nous ne devons rien oublier en racontant.

* Lettres patentes, novembre 1694.

Saint-Cyr était donc fondé; il ne s'agissait plus que de lui donner le mouvement et la vie. Madame de Maintenon crut devoir, par estime, par reconnaissance, et dans l'intérêt même de l'établissement, entièrement composé de personnes très-jeunes encore, établir madame de Brinon supérieure résidente pour toute sa vie, en dérogeant pour elle aux constitutions, qui voulaient que la supérieure fût élue par la communauté, et changée tous les trois ans. Le roi, à cet effet, signa un brevet en faveur de madame de Brinon; mais madame de Maintenon eut plus tard quelque lieu de s'en repentir.

On sollicitait de tous côtés des places à Saint-Cyr; on se faisait honneur d'y être admis, et on comptait pour beaucoup d'être élevé sous les yeux de madame de Maintenon. On n'attendit même pas que la maison fût achevée, et comme celle de

Noisy n'aurait pu contenir toutes les personnes qui obtinrent leur admission, madame de Maintenon, pour ne pas les laisser à la charge de leurs familles, les fit placer, à ses frais, dans une maison à Paris, sous la garde de deux femmes de confiance, une mademoiselle Roydeau, mère de deux de ses femmes, et mademoiselle Balbien, mère de celle qui lui était attachée, et dont il a été déjà question[19].

On se sent ému en parcourant le registre original des placets adressés au roi par la noblesse pauvre, pour obtenir des places à Saint-Cyr. Tous ces placets sont apostillés de la main du roi, qui s'enquérait avec soin de l'état des pétitionnaires, et traitait cette affaire, qui importait aux intérêts de la noblesse, comme étant le premier gentilhomme de son royaume.

Au roi : « Sire, Bonnainvillier ayant servi

« trente-cinq ans à votre régiment de Piémont,
« en qualité d'enseigne, lieutenant, capitaine,
« capitaine de grenadiers, commandant le ba-
« taillon-major, lieutenant-colonel, où il a été
« estropié, et Votre Majesté, dans la paix, lui a
« accordé une pension de neuf cents livres pour
« se retirer chez lui. Il a été assez heureux pour
« se rétablir, et sert aujourd'hui en qualité d'in-
« specteur-général des milices de Picardie, pour
« la garde des côtes. Il supplie Votre Majesté de
« lui accorder une place aux demoiselles de Saint-
« Cyr, pour sa fille, qui a produit les certificats
« nécessaires de monseigneur l'évêque d'Amiens.
« Lui accordant cette grâce, il sera plus en état
« de soutenir trois de ses fils au service de Votre
« Majesté, et Campanelle, son neveu, capitaine
« de grenadiers au régiment de Piémont, que
« Votre Majesté a gratifié d'une pension pour la

« prise de Rosacque en Italie ; et il continuera ses
« vœux et prières à Dieu, pour la santé de Votre
« Majesté et la prospérité de ses armes. » — De
la main du roi : « Accordé, si elle a les qualités
« requises : Louis. »

Au roi : « Sire, Degrieu, lieutenant dans son
« régiment royal des carabiniers, ayant l'honneur
« de servir Sa Majesté depuis vingt-trois ans, sup-
« plie très-humblement Sa Majesté de lui ac-
« corder, en considération de ses services, une
« place à Saint-Cyr pour une de ses filles, et s'il
« lui plaisait de lui accorder cette grâce pour
« deux, l'une âgée de dix ans et quatre mois, et
« l'autre de neuf, cela le mettrait en état de con-
« tinuer ses services avec plus d'aisance, étant
« né pauvre gentilhomme, cadet de Normandie,
« et se trouvant chargé d'une grosse famille. »
— De la main du roi : « Accordé une place à la

« cadette, si elle a les qualités requises. Louis. »

Au roi : « Sire, Sainte-Gemme, premier capi-
« taine au régiment de dragons de Rohan, qui a
« l'honneur de servir Votre Majesté depuis vingt-
« cinq ans, dont quinze de commission de capi-
« taine, ayant eu plusieurs compagnies où il a
« dépensé la plus grande partie de son bien à les
« soutenir ; il a eu deux frères tués au service de
« Votre Majesté, où ils ont aussi dépensé leur
« bien ; présentement que le suppliant se trouve
« chargé d'une grosse famille, et qu'il n'est pas
« en état de l'élever dans une éducation conve-
« nable à sa naissance, supplie très-humblement
« Votre Majesté de vouloir bien lui accorder une
« place dans la maison royale de Saint-Cyr, pour
« une de ses filles âgée de sept ans. » — De la
main du roi : « Accordé, si elle a les qualités re-
« quises, Louis[20]. »

Le bâtiment était prêt, les cellules, les classes, les dortoirs, la lingerie, étaient remplis de tous les objets nécessaires, tous neufs, bien choisis, simples et abondants, la cuisine et l'infirmerie bien approvisionnées, la chapelle convenablement ornée, et le 26 juillet 1686, la translation de l'établissement eut lieu de Noisy à Saint-Cyr. M. Bontems, premier valet de chambre du roi, réunit par son ordre le plus grand nombre de carrosses qu'il put trouver. Dans celui qui ouvrait la marche, était porté le corps de Saint-Candide, que le pape Innocent XI (en 1683) avait donné à madame de Maintenon, et qu'elle avait placé dans la chapelle. Venaient ensuite les quatre classes, les sœurs converses, et enfin les novices. Quand elles virent toutes cette maison si vaste, si neuve, si bien pourvue, où rien ne manquait, jusqu'au moindre détail de la plus petite cellule, et le jardin même, à cette époque, tout paré de fleurs, cela leur parut une sorte d'enchantement, et elles crurent, dirent-elles, entrer dans un paradis. Mais après les premiers moments donnés à l'admiration, à la visite de toute la maison, et à la joie, chacun se rendit à son poste, la clôture fut établie, et chaque dame entra pour la première fois dans sa charge. Madame de Brinon et l'abbé Gobelin les y dirigèrent pour la partie spirituelle, et M. Manseau et mademoiselle Balbien furent chargés, pendant quelque temps, de les former aux soins temporels et manuels que comportaient plusieurs de ces charges. Par-dessus eux tous, madame de Maintenon veillait à tout avec une activité infatigable, pour que l'établissement s'organisât, dès l'origine, de manière à remplir complétement l'objet qu'on s'était proposé.

Elle s'appliquait surtout à établir parmi les

dames l'esprit de piété, de détachement du monde, de simplicité et de dévouement aux devoirs de l'éducation, qu'elle voulait qui s'y perpétuât dans l'avenir. Elle savait de quelle importance sont les commencements, et combien, dans les maisons religieuses surtout, l'esprit de fondation, lorsqu'il y est profondément enraciné, s'y conserve facilement ensuite par la tradition.

Madame de Brinon, pour qui elle avait beaucoup de considération et d'attachement, ne la seconda pas assez dans cette vue : les demoiselles étaient bien élevées, mais les religieuses mal conduites. Madame de Brinon était une personne de beaucoup d'esprit et de grands talents, qui s'exprimait avec grâce, et parlait même avec éloquence. On écoutait quelquefois avec admiration ses instructions aux professes et aux demoiselles, et on la comparait aux prédicateurs les plus renommés.

Mais c'était une religieuse née pour le monde, et qui s'en trouva tout à coup trop rapprochée pour la nature de ses goûts et de ses penchants; elle fut enivrée de se voir un rôle au milieu de personnages si brillants. C'était contre son inclination que ses parents l'avaient fait entrer en religion, et quoique d'une conduite toujours régulière et vertueuse, elle s'en tenait à ce qu'il y avait de principal dans ses vœux, et s'élargissait facilement sur les accessoires. La stricte exactitude aux règles, l'usage du silence, la régularité des parloirs, lui paraissaient choses peu importantes. Elle était très-propre à diriger un pensionnat, mais moins propre à être une supérieure de communauté; elle en avait plus la théorie que la pratique, et se montrait peu capable de former à la vie spirituelle et de faire avancer dans la perfection. C'est ainsi que, dans les lectures qu'elle faisait faire aux heures de délassement et de récréation, elle avait passé insensiblement de la Vie des Saints aux conversations de mademoiselle de Scudery [21], puis aux comédies de Molière. Elle avait, en outre, à Saint-Cyr, un air d'abbesse, et d'abbesse d'importance, dans son habillement, dans ses manières, dans tout ce qui l'entourait. Elle aimait le commandement, les aises et la grandeur. Ses meubles, presque tous, il est vrai, présents de madame de Maintenon ou de quelques amis, avaient une certaine recherche ou un certain prix qui ne s'accordaient pas assez avec le vœu de pauvreté.

Le roi, à qui elle avait plu, la traitait avec des égards qui la relevaient encore à ses propres yeux. Elle était en commerce avec plusieurs seigneurs et dames de la cour, avec les ministres, avec le chancelier; on venait la voir, et, presque toujours, pour faire passer par elle ce qu'on voulait qui arrivât au roi par madame de Maintenon. Aussi avait-elle toujours mille affaires à traiter avec elle, qui ne regardaient point la communauté; elle aurait dû comprendre, aux réponses de madame de Maintenon, que ce genre ne lui plaisait pas. A Saint-Cyr enfin madame de Maintenon était la religieuse, et madame de Brinon la dame de cour.

Madame de Maintenon, qui avait des vues plus étendues sur la perfection où devaient aspirer les dames de Saint-Louis, dans l'intérêt et pour l'affermissement de l'établissement lui-même, voulut y attacher, outre l'abbé Gobelin et les deux confesseurs ordinaires, religieux de Saint-Lazare, dont le couvent était voisin, quelques ecclésiastiques d'un mérite et d'une piété reconnus, en qualité de confesseurs extraordinaires, ainsi qu'il est recommandé par le concile de Trente pour les communautés religieuses, et qui fussent capables de diriger dans des voies plus élevées les âmes qui éprouveraient le besoin de s'avancer dans la perfection. Son choix tomba d'abord, par le conseil de l'abbé Gobelin, sur M. Godet Desmaretz[22], homme très-savant, très-simple et très-pieux, qui demeurait au séminaire de Saint-Sulpice, vivant dans la retraite, et assidûment occupé des fonctions du ministère. Quand madame de Maintenon envoya chez lui, on le trouva dans une petite chambre où il n'y avait qu'un lit, une chaise de paille, un pupitre sur lequel était une Bible, quelques livres, une carte de Jérusalem, et un clavecin. Il eut grande peine à sortir de son obscurité, qu'il aimait, pour s'attacher à une maison qui allait le mettre en évidence, et qu'il croyait beaucoup plus remplie de l'esprit de la cour que de celui de la piété; mais une longue conversation qu'il eut avec madame de Maintenon, et qui lui fit admirer sa sagesse et sa vertu, suffit pour le décider. Elle lui adjoignit, peu de temps après, deux autres ecclésiastiques d'une grande réputation pour le savoir et la direction, MM. Thiberge et Brisacier, l'un supérieur, l'autre directeur des Missions Étrangères. Les personnes que madame de Maintenon attacha à Saint-Cyr, pour quelque objet que ce fût, furent toutes remarquables par leur mérite et leur réputation.

Ce ne fut pas sans quelque opposition de la part de madame de Brinon, qui trouvait que les confesseurs ordinaires suffisaient bien. Elle ne goûta que médiocrement les instructions un peu austères de ces messieurs, et le montra. Il y eut quelques autres dissentiments entre elle et madame de Maintenon sur l'administration, sur l'admission des novices, où madame de Brinon mettait de la légèreté et de la préférence. Enfin, madame de Maintenon se vit contrariée; elle hésita si elle n'abandonnerait pas à madame de Brinon tout le gouvernement de la maison, et consulta sur ce point, comme elle avait coutume de faire sur toutes choses. Mais, sur ces entrefaites, madame de Brinon tomba malade, et, lorsqu'elle commença à se rétablir, les médecins voulurent qu'elle allât prendre les eaux de Bourbon.

Elle partit. On lui rendit partout des honneurs extraordinaires. Sa faveur auprès de madame de Maintenon, et même auprès du roi, en faisaient un personnage important dans la province. On venait au-devant d'elle, on la complimentait, on la conduisait en pompe à l'église, et elle se laissait rendre tous ces hommages, comme s'ils lui étaient dus, en y répondant avec une aisance et une bonne grâce qui les faisaient paraître encore plus naturels. On en plaisanta à la cour, et madame de

Maintenon, qui l'excusa de son mieux, fut très-fâchée du ridicule que cela jeta sur elle; mais elle se persuada de plus en plus que madame de Brinon, qu'elle aimait, et qui avait été d'un si grand secours dans les commencements, allait devenir plutôt un obstacle dont il valait mieux s'affranchir.

En effet, madame de Brinon revint avec des vues moins conformes que jamais à celles de madame de Maintenon, et, après quelque temps d'épreuve encore, celle-ci se décida, de concert avec le roi et l'évêque de Chartres, à s'en séparer. Madame de Monchevreuil, leur commune amie, qui demeurait à la cour depuis que madame de Maintenon y était [23], fut chargée de lui apprendre son sort, comme étant la personne la plus propre à le lui adoucir. Elle se rendit à Saint-Cyr, et lui remit, après des explications bienveillantes, une lettre de cachet [24] qui lui ordonnait de quitter la maison (décembre 1688). Madame de Brinon, qui ne s'attendait à rien, fut frappée comme de la foudre ; mais, contenant avec fermeté sa douleur, elle ne fit voir cette lettre à personne, s'enferma dans son appartement avec sa femme de chambre, car elle en avait une, et sa nièce, mademoiselle de Chantelou, que madame de Maintenon tenait ordinairement auprès d'elle, mais qu'elle lui avait envoyée pour qu'elle lui fût de quelque secours dans cette circonstance. Elle fit dire qu'elle était malade, fit ses préparatifs de départ, et partit le lendemain, pendant qu'on était au chapitre, pour n'être obligée de dire adieu à personne. M. Manseau lui amena un carrosse de la part de madame de Maintenon, avec ordre de l'accompagner à cheval jusqu'au lieu où elle voudrait aller, car rien ne lui était spécifié à cet égard. Elle se fit conduire à l'hôtel de Guise, à

Paris, chez madame d'Hanovre, duchesse de Brunswick, qui l'aimait; elle lui conta sa disgrâce, et, quelques heures après, fit venir Manseau, à qui elle remit une lettre pour madame de Maintenon, d'un air aussi serein et aussi ferme que si elle n'avait eu aucun sujet de déplaisir. Sa fermeté ne se démentit pas un instant, et elle ne donna aucune marque d'aigreur ou de mécontentement sous le coup d'une telle disgrâce. « Voici un fait, écrit
« madame de Sévigné; madame de Brinon, l'âme
« de Saint-Cyr, l'amie de madame de Maintenon,
« n'est plus à Saint-Cyr : elle en sortit il y a qua-
« tre jours; elle est à l'hôtel de Guise; elle ne pa-
« raît point mal avec madame de Maintenon, car
« elle envoie tous les jours savoir de ses nou-
« velles. Cela augmente la curiosité de savoir le
« sujet de sa disgrâce. Tout le monde en parle
« tout bas, sans que personne en sache davan-

« tage'. » Et trois jours après elle écrit de nouveau :
« Je ne sais encore rien de madame de Brinon, si
« ce n'est que le roi lui donne deux mille livres de
« pension. On dit qu'elle ira à Saint-Antoine. Elle
« prêchait fort bien, comme vous savez. Voilà le
« bon Gobelin à sa place, qui, pour la remplir, et
« celle qu'il a déjà, sera obligé de prêcher toute la
« journée ". »

La lettre de madame de Brinon n'avait eu d'autre objet que de prier madame de Maintenon de donner dans le monde une couleur à sa retraite qui ne lui fût point défavorable. Sa conduite, en cette circonstance, si pleine de réserve et de mesure, méritait bien qu'on eût cet égard, et il fut répandu que sa santé avait été la seule cause de sa sortie. Elle se retira à l'abbaye de Maubuis-

---

' Lettre de madame de Sévigné, 10 décembre 1688.
" Lettre de madame de Sévigné, 13 décembre 1688.

son, dont la princesse Palatine, tante de madame la duchesse de Brunswick, était abbesse. Elle s'y établit dans un appartement indépendant du couvent, où elle resta jusqu'à la fin de sa vie, avec deux mille livres de pension que lui fit la maison de Saint-Cyr; elle y fut toujours considérée et soignée, dans une position agréable et commode. Madame de Maintenon, qui avait voulu s'affranchir des inconvénients de son caractère, mais qui n'avait pas oublié ses estimables qualités, continua avec elle une correspondance qui fait voir qu'elle ne lui ôta rien de son attachement et de ses bontés.

Ce coup d'état fit un grand effet à Saint-Cyr. Le lendemain, madame de Maintenon y vint, assembla les dames, et leur apprit les motifs qui l'avaient fait agir; elle donna de grands regrets et de grands éloges à madame de Brinon, en ajoutant que chacun avait son don et sa mesure; que madame de Brinon, qui avait été si utile dans les commencements, était moins propre à conduire l'établissement à sa perfection, et que, dans l'intérêt de l'établissement même, il avait fallu l'en éloigner; elle dit qu'elle tenait d'ailleurs à voir, de son vivant, comment la maison pourrait se gouverner par les supérieures élues, qu'elle voulait les former sous ses yeux, et qu'elle allait pour cela se dévouer à Saint-Cyr plus entièrement que jamais. En effet, à partir de ce moment, elle en devint la véritable et unique directrice [25].

On ne connaît pas Madame de Maintenon quand on ne l'a pas considérée dans ses rapports avec Saint-Cyr. C'est à Saint-Cyr qu'il faut la voir pour prendre une juste idée de ses vrais sentiments. Ces rapports de chaque jour, qui ont duré trente-trois années, et dont il reste tant de traces édifiantes dans les nombreux écrits qu'on a conservés d'elle, révèlent une sincérité de vertu et une sainteté de vie, qui se reflètent sur toute son existence et lui donnent son véritable caractère, celui d'une vertu éminente et d'une haute piété associées à une raison supérieure et à un esprit remarquablement distingué : Saint-Cyr, d'ailleurs, la complète admirablement. C'est au moment où sa faveur s'établissait sur les fondements les plus solides, que l'institution de Saint-Cyr naissait des inspirations de sa charité, et offrait à sa vie un intérêt étranger à celui des intrigues de la cour et des affaires. Cela servit merveilleusement la position délicate où elle se trouva placée, et y ajouta une gravité qui éloigna tout soupçon malveillant et augmenta les respects. Tout le temps qu'elle ne donnait pas au roi, elle le donnait à

Saint-Cyr, et elle échappait par là, dans les occupations les plus utiles et les plus respectables, au vide apparent ou à l'action embarrassée d'une situation qui n'est pas nettement définie. Ses goûts, sa vertu, sa dignité, s'y trouvaient satisfaits, et sa situation, élevée par elle-même, mais voilée, en était encore ennoblie.

Saint-Cyr devint donc la véritable occupation et le grand intérêt de sa vie. Elle y allait au moins tous les deux jours et y vivait pour ainsi dire. Elle s'y reposait de la cour, et venait y oublier ses tribulations et ses ennuis. « Ma plus grande joie, disait-elle, est quand je vois refermer la porte sur moi en entrant dans cette solitude, d'où je ne sors jamais qu'avec peine *[26]. » « Quand on était à Versailles, disent les Mémoires de mademoiselle

---

* Entretien avec madame de Glapion.

« d'Aumale, le roi ne venait pas habituellement
« chez elle le matin afin de lui laisser la liberté
« d'aller à Saint-Cyr; il y venait régulièrement
« tous les soirs, vers cinq ou six heures, quel-
« quefois plus tôt, quelquefois plus tard, selon
« que sa promenade ou que ses conseils finis-
« saient, et y demeurait jusqu'à dix heures, qui
« était l'heure de son souper *. » Elle arrivait
souvent à Saint-Cyr à six heures du matin, au
moment du lever des demoiselles, et elle trouvait déjà des pauvres et des familles malheureuses qui l'attendaient à la porte pour implorer sa charité ou sa protection **. Elle y faisait son oraison, entendait la messe, donnait des audiences, écrivait ses lettres; mais elle s'occupait surtout du gouvernement de la maison, où elle donna mille

* Mémoires manuscrits de mademoiselle d'Aumale.
** Mémorial de Saint-Cyr.

preuves de son esprit de justice, d'ordre, de fermeté et de conciliation. Elle y était une véritable supérieure de communauté; elle assistait aux exercices, faisait des instructions, remplissait elle-même plusieurs charges, descendait aux détails les moins relevés, veillait à la dépense, en apprenant aux dames l'ordre et l'économie, qu'elle entendait fort bien, et en leur enseignant aussi le désintéressement complet, qui doit être la vertu des religieuses. Elle leur recommandait souvent de ne pas sacrifier les soins du spirituel à ceux du temporel, ce qui n'arrive que trop quelquefois dans les couvents. Elle présidait le conseil du dedans, où elle avait sa voix, comme dans toutes les assemblées capitulaires, pour la réception des dames ou des novices, et dans toutes les circonstances importantes. Son expérience et son excellent jugement y furent d'une grande utilité pour

fonder la sagesse qui présida toujours à la conduite des affaires de cette maison, comme on le vit par l'état où elles se trouvèrent quand la maison fut dissoute. Saint-Cyr était devenu sa véritable famille, comme elle le disait elle-même. Elle y portait tout ce qu'on lui donnait de précieux ; elle y envoyait ses lettres, ses titres et tous ses papiers ; elle y déposa sa généalogie lors des preuves que dut faire le comte d'Aubigné, son frère, pour être reçu chevalier de l'ordre. La plupart de ces pièces ont été détruites au moment de la Révolution ; mais madame de Maintenon en détruisit elle-même un certain nombre, principalement toutes les lettres qu'elle avait du roi. « Elle se
« mit un jour, dit mademoiselle d'Aumale, à
« brûler devant moi tout ce qu'elle ne voulut
« pas laisser après elle, principalement quantité
« de lettres que lui écrivit le roi pendant le siége

« de Mons et en d'autres circonstances, en disant :
« Laissons de nous le moins que nous pourrons;
« et quand tout fut brûlé, elle me dit : Me voilà
« hors d'état de prouver les bontés que le roi
« a eues pour moi, et qu'il m'a fait l'honneur de
« m'écrire. J'en sauvai quelques-unes, ajoute ma-
« demoiselle d'Aumale, et les dames de Saint-
« Louis en ont sauvé aussi quand elles l'ont pu,
« mais les plus particulières et les plus intéressan-
« tes ont été brûlées.* »

Voici plusieurs de ces lettres, qui n'ont d'autre intérêt que de faire connaître la manière d'être de Louis XIV avec madame de Maintenon.

BILLET DE LA MAIN DU ROI.

« Je ne saurais aller à la chasse; je me promè-
« nerai dans le jardin, il fait beau. Si vous voulez

* Mémoires manuscrits de mademoiselle d'Aumale.

« y aller avec moi à trois ou quatre heures, vous
« pourrez venir à l'Apollon, où je me trouverai
« avec une chaise pour vous et un charriot pour
« les dames auxquelles vous manderez de venir
« avec vous; ne vous contraignez pas, et me man-
« dez ce que vous ferez, et, si vous partez, à quelle
« heure.
« LOUIS. »

AUTRE BILLET DE LA MAIN DU ROI.

« J'ai changé de résolution pour ma journée.
« Le beau temps qu'il fait m'empêche d'aller à
« Saint-Germain, je remettrai ce voyage à demain,
« et pour aujourd'hui je disnerai au petit couvert;
« j'irai à la chasse et je me rendrai à la porte de
« Saint-Cyr du côté du parc, où je ferai traisner
« mon grand carrosse; j'espère que vous viendrez
« m'y trouver avec telle compagnie qu'il vous

« plaira ; nous nous promènerons ensemble dans
« le parc, et nous n'irons point à Trianon. En re-
« venant demain de Saint-Germain, j'irai à Saint-
« Cyr au salut en habit décent et nous reviendrons
« ensemble. C'est là ce que je crois le mieux. Si
« vous voulez venir à la porte du jardin ce soir,
« ou que mon carrosse aille vous prendre dans la
« cour de Saint-Cyr, ordonnez et me le mandez.

« LOUIS. »

« Ce 2 juillet 1698.

« Je crois que je pourrai aller à complies à
« Saint-Cyr si vous l'approuvez, et revenir après
« avec vous en nous promenant ; on pourrait au-
« jourd'hui, qui est une fête de la Vierge, dire les
« litanies qui allongeraient les prières ; au cas que
« vous approuviez ma pensée, vous ferez trouver
« quelques dames pour revenir avec nous, et me

« manderez en réponse de ce billet votre volonté,
« afin que je m'y conforme.

« LOUIS. »

C'est à Saint-Cyr que madame de Maintenon se retira pendant le siége de Mons (1691), et elle y resta tout le temps que dura l'absence du roi. On lit à ce sujet dans les mémoires de mademoiselle d'Aumale : « La veille du départ du roi
« pour la campagne de Mons, il vint à Saint-Cyr,
« et après avoir demandé les prières de la com-
« munauté, il dit en parlant de madame de Main-
« tenon : Je vous laisse ce que j'ai de plus cher.
« Cela en présence de plus de quarante personnes
« de la communauté[*]. »

Voilà quelques-uns de ces billets que le roi lui écrivit pendant le siége de Mons et que les dames

[*] Mémoires manuscrits de mademoiselle d'Aumale.

de Saint-Cyr avaient conservés. Malheureusement, ceux qui pouvaient avoir plus d'intérêt ont soigneusement été détruits.

« Le lundi 9 avril 1691, à une heure et demie du matin.

« La capitulation a été signée. Voilà une grande
« affaire finie. J'aurai aujourd'hui une porte à
« midy et la garnison sortira demain mardy à
« midy. Remerciez bien Dieu des graces qu'il me
« fait. Je crois que vous le ferez avec plaisir.

« LOUIS. »

« Au camp devant Mons le 9 avril 1691.
« Lundi à 10 heures du matin.

« Je n'escris ce billet que pour ne pas manquer
« l'ordinaire, car je dépescherai bientost de l'Isle*,
« qui vous portera ce que je pense pour votre

* Maître d'hôtel de madame de Maintenon.

« voyage *. Je me porte assez bien. Je vas voir
« aujourd'hui une partie de l'armée et je serai
« en estat de partir jeudy matin pour me rendre
« samedy au soir à Compiègne, où j'aurai le plai-
« sir de vous voir ; je souhaite que ce soit en
« bonne santé.

« LOUIS. »

Saint-Cyr n'était pas seulement pour madame de Maintenon un lieu de retraite commode et doux qui plaisait également à ses goûts et à sa piété, elle avait compris les devoirs qu'elle s'était imposés par cette fondation, et elle n'épargna aucun soin pour que le bien qui pouvait en provenir s'y perpétuât après elle. Pour cela, elle eut toujours en vue deux objets qui n'échappèrent pas un instant à sa sollicitude : l'esprit à fonder parmi

* Elle alla au-devant de lui à Compiègne.

les religieuses, et l'éducation à établir pour les demoiselles.

Persuadée que de l'esprit de la communauté dépendait le sort de l'établissement, exposé à plus de dangers que tout autre par sa nature même et par le voisinage de la cour, elle s'appliqua à pénétrer les dames de Saint-Louis de l'esprit de leur état et de l'étendue de leurs devoirs. Elle voulut en faire de véritables religieuses, et leur inspirer dans toute leur sincérité ces admirables vertus d'humilité, de complète obéissance, d'entier renoncement à soi-même et à sa volonté, de dévouement absolu à ses devoirs dans l'unique vue de Dieu, qui tendent à rendre chaque jour plus parfait, et font de la vie du cloître, par l'action continuelle des âmes sur elles-mêmes, une existence toute dégagée de la terre et voisine du ciel. « Le « moindre relâchement, leur disait-elle, peut

« perdre la communauté, car votre maison « ne saurait être médiocre; il faut qu'elle soit « sainte ou toute mondaine et corrompue. » Aussi, outre les conférences et les conversations particulières, on est étonné de tout ce qu'elle écrivit, soit aux religieuses, par lettres individuelles, soit à la communauté, en forme d'instructions, sur la vie intérieure et spirituelle, sur les devoirs de l'institut, sur le but de la fondation, sur l'entière séparation du monde, sur la stricte observation des règles, sur le bonheur de la retraite et de la vie religieuse, la vanité du monde et ses tourments, ses travers et ses passions, qui ne se glissent que trop souvent, en petit et déguisés, dans les couvents eux-mêmes, « où les religieuses, disait-elle, sor- « tent quelquefois de dessous le drap mortuaire « tout aussi vivantes à elles-mêmes qu'auparavant[1];

[1] Lettre à madame de la Vieuxville.

enfin, sur la nécessité d'allier l'esprit de communauté avec la vie active de l'éducation pour que la condition de religieuse ne s'oubliât pas au milieu des devoirs et des distractions des charges et des classes.

Ces lettres et ces instructions, écrites, pour la plupart, dans les commencements de Saint-Cyr, et, par conséquent, dans les premiers temps de la grande faveur de madame de Maintenon [26], alors qu'on pouvait ne la croire occupée qu'à jouir et qu'à user de cette faveur, furent rassemblées en plusieurs volumes, et étaient religieusement conservées à Saint-Cyr, dont elles devinrent la règle et le véritable esprit jusqu'à la fin. Rien n'y est oublié: tout y est traité avec détail, tous les dangers prévus, toutes les vertus nécessaires recommandées. Il y en a pour chaque charge, pour chaque classe, presque pour chaque article de la règle, pour la supérieure, pour la maîtresse des novices, pour le noviciat, pour l'infirmerie, pour les sœurs converses. Ces écrits, plus que toute autre chose, donnent une véritable idée de la haute piété et de la grande vertu de madame de Maintenon.

On ne conçoit pas comment elle pouvait, à Versailles, trouver le temps et la liberté d'esprit nécessaires pour tant écrire sur ces matières. Il est surprenant d'entendre s'élever du milieu de la cour une voix si savante dans la science de la retraite et de la spiritualité, et de voir un esprit assiégé de tant d'importunités et de distractions, avoir en même temps si présents les secrets de la vie religieuse et presque contemplative. C'est ce qui fait dire à Saint-Simon qu'elle avait la maladie des directions. « Ce que Saint-
« Cyr lui fit perdre de temps en ce genre, dit-il,

« est incroyable. Ce que mille autres couvents lui
« en coûtèrent ne l'est pas moins. Elle se croyait
« l'abbesse universelle. De là une mer d'occupa-
« tions frivoles, illusoires, pénibles, toujours
« trompeuses, des lettres et des réponses à l'in-
« fini, des directions d'âmes choisies, et toutes
« sortes de puérilités qui aboutissaient ordinaire-
« ment à des riens, quelquefois aussi à des choses
« importantes et à de déplorables méprises en dé-
« cisions, en événements d'affaires et en choix [*]. »

Au point de vue du monde, et à celui de Saint-Simon surtout, si injuste et si constamment passionné contre madame de Maintenon, de pareils soins pouvaient paraître petits et frivoles ; ils ne l'étaient pas dans l'ordre de Dieu et dans l'intérêt des âmes qui cherchaient à se perfectionner dans

[*] Mémoires de Saint-Simon, tome XIII.

la solitude, et qui bénissaient l'appui qu'elles trouvaient dans les conseils d'une charité tendre et éclairée. Ils ne le furent pas non plus par les résultats, et il n'y avait ni puérilité, ni temps perdu à former, par des soins assidus et par le détail où il est si nécessaire d'entrer en pareille matière, un établissement si utile, dont l'avenir dépendait beaucoup des commencements. Au reste, il est vrai que le penchant naturel de madame de Maintenon s'accordait en cela avec son zèle pour le bien. Il semblait que sa véritable vocation fût d'être supérieure d'une maison religieuse, tant elle avait de goût pour la piété et d'habileté pour la direction. Aussi, jamais elle ne se trouvait plus heureuse qu'entourée de ses filles de Saint-Cyr. « J'en aime tout, disait-elle, jusqu'à leur pous-
« sière, et je m'offre, avec tous mes gens, pour les
« servir. Je n'aurais nulle peine à être leur inten-

« dante, leur femme d'affaires, et de tout mon
« cœur leur servante, pourvu que mes soins leur
« soient utiles et les mettent en état de s'en passer*. »

Son zèle et sa capacité n'éclatèrent pas moins dans les soins qu'elle donna à l'éducation des demoiselles; elle avait un goût et un talent naturel pour l'éducation; mais elle ne se bornait pas à communiquer sa théorie aux institutrices, elle la faisait pratiquer devant elle, et la pratiquait elle-même. Elle leur répétait sans cesse que l'éducation des demoiselles était leur premier devoir, leur principale austérité, l'occupation à laquelle devaient céder toutes les autres, et elle s'appliquait à les pénétrer des principes dont elle voulait faire la base de cette éducation. Cette base était la religion d'abord, enseignée dans toute sa grandeur,

---

* Lettre à madame de Brinon.

sa beauté, sa solidité et sa simplicité, l'esprit du christianisme étant seul capable de bien former le cœur et la raison, et renfermant en lui toutes les vertus que le monde estime; ensuite la simplicité en elle-même et en tout, si nécessaire à de jeunes filles nobles, mais sans fortune, qui devaient retourner en province, dans leurs familles pauvres et modestes; enfin l'application à s'attacher davantage aux progrès de la raison et du caractère qu'à ceux de l'esprit, « donnant les choses, disait-elle, pour ce qu'elles « sont : la piété au-dessus de tout, la raison « ensuite, et les talents pour ce qu'ils valent [27]. » Quant à l'instruction, elle était renfermée dans le cadre modeste où se renfermait généralement alors l'éducation des femmes, ce qui convenait

---

* Lettre à madame de la Vieuxville.

d'ailleurs à la position particulière de celles qu'on y élevait.

L'avis de madame de Maintenon était que cette instruction ne fût pas poussée très-loin, et elle était en cela d'accord avec Fénelon, qui dit dans son petit traité de l'Éducation des Filles : « Retenez leur esprit le plus que vous pourrez « dans les bornes communes, et apprenez-leur « qu'il doit y avoir pour leur sexe une pudeur sur « la science presque aussi délicate que celle qui « inspire l'horreur du vice. » « Il y a peu de fem- « mes, disait madame de Maintenon, qui aient « l'esprit assez solide pour porter un grand savoir « sans un plus grand orgueil ; elles ne savent d'ail- « leurs jamais qu'à demi, et le peu qu'elles sa- « vent les rend communément fières, dédaigneu- « ses, causeuses, et dégoûtées des choses essen- « tielles. J'ai passé ma jeunesse avec ce qu'on ap-

« pelle de beaux-esprits, qui, me trouvant une
« grande mémoire, entreprirent de me rendre sa-
« vante, et ne désespérèrent pas d'y réussir; mais
« quand je vis que le meilleur usage qu'une per-
« sonne de notre sexe puisse faire de la science
« est de la cacher, je pensai qu'il était fort inutile
« de se fatiguer pour acquérir une chose dont on
« ne doit point se servir. Parlez raisonnablement
« à vos filles le plus souvent que vous pourrez;
« mais, sous prétexte de les former, ne les rendez
« pas discoureuses, et ne leur inspirez pas le goût
« de l'esprit et des conversations qu'elles ne re-
« trouveront pas dans leurs familles*. »

On enseignait à Saint-Cyr les principes de
l'histoire, de la géographie, du calcul, un peu
de littérature, les différents ouvrages pro-

* Manuscrits de Saint-Cyr.

pres aux femmes, quelquefois des talents d'agrément; mais aucun maître étranger n'entrait dans la maison; les religieuses enseignaient tout. Madame de Maintenon se mettait elle-même à la tête de l'enseignement. Elle s'appliquait à former les maîtresses aussi bien que les élèves. Elle fit entre autres, pendant deux ans de suite, les fonctions de maîtresse-générale des classes; elle les surveillait toutes, et n'en quittait une pour passer à une autre que lorsqu'elle l'avait mise dans la conduite où elle la voulait.

Ses instructions écrites et les règles nombreuses qu'elle y trace sur l'art difficile d'élever la jeunesse, offrent un traité complet d'éducation où toutes les vertus nécessaires aux maîtres sont exposées avec détail. Elle y rappelle souvent aux dames de Saint-Louis la nécessité de veiller sur elles-mêmes pour ne pas montrer de défauts à leurs élèves, d'être toujours avec elles douces et fermes à la fois, et surtout patientes; de savoir souvent ignorer leurs fautes, d'être sévères quand il le faut mais jamais rudes, de se faire aimer d'elles et de gagner leur confiance, de les rendre heureuses et gaies, de ne pas oublier que l'éducation est de tous les instants du jour, qu'il ne faut perdre aucune occasion de former la raison, mais qu'il faut savoir l'attendre; qu'il faut étudier les inclinations et les caractères, ne rien négliger auprès des enfants, leur apprendre toutes les délicatesses de l'honneur, de la probité, du secret, de la générosité, de l'humanité, et leur peindre la vertu aussi belle et aussi aimable qu'elle est ; enfin tout cet ensemble de dévouement et de perfection imposé à ce sacerdoce de l'enfance, dont le véritable esprit ne se puise complètement que dans le devoir et le sentiment religieux.

C'est à cette éducation que madame de Maintenon voulut que madame la duchesse de Bourgogne eût part, lorsqu'à son arrivée en France, à l'âge de onze ans, le roi la remit entre ses mains. Elle la menait avec elle à Saint-Cyr, et la jeune princesse y passait les journées, confondue avec les compagnes de son âge et suivant tous les exercices de la maison. On y conservait le souvenir de mille traits heureux de cet aimable caractère et de cet esprit gracieux qui nous la montrent comme une apparition charmante au milieu des sombres jours de la fin de ce règne, et qui la rendirent, trop peu de temps, hélas! l'idole de la cour et du vieux roi.

On voit que ce qui dominait dans l'éducation de Saint-Cyr, c'était la partie morale, celle qui forme le cœur et le caractère, et devient le fondement des principes qui règlent la conduite de la vie.

C'est dans cette vue que madame de Maintenon faisait elle-même de fréquentes instructions aux demoiselles, dans chaque classe [27], par forme de conversations familières; elle y traitait toutes sortes de sujets appropriés à chaque âge; elle les éclairait sur leurs défauts, leur apprenait à réfléchir sur elles-mêmes, et cherchait à développer leur raison, qu'elle avait coutume de dire qu'on ne développait jamais trop ni trop tôt. On recueillit ces conversations à Saint-Cyr, car ses moindres paroles y étaient religieusement conservées; mais elle en composa exprès par écrit qui ont été imprimées, ainsi que des proverbes, sur des sujets simples et à la portée des enfants, pour les habituer à prendre des idées justes des choses, à connaître les bienséances du monde et à s'exprimer d'une manière nette et naturelle.

Les élèves apprenaient ces conversations par

cœur et les récitaient entre elles ; elles en récitèrent même plusieurs devant le roi, car il allait comme on l'a vu, de temps en temps à Saint-Cyr. Le vieux roi, chargé d'ans et de gloire, et à la fin de tristesse et de revers, allait s'y reposer quelquefois des soucis de la royauté. Il y était attiré par madame de Maintenon, qui cherchait toujours à l'intéresser à la piété et à la vertu. Il s'y montrait paternel et bon, s'entretenait avec les religieuses, donnait de sages avis, recommandait toujours la parfaite régularité et l'inviolable attachement aux règles. Quelquefois il assistait aux offices dans une petite tribune au fond de l'église, en regard de celle que madame de Maintenon occupait. Souvent, comme on l'a vu encore, à la fin de la journée, il venait la prendre à la porte du jardin, pour la ramener à Versailles ou la mener à Marly. Souvent aussi il entrait, se promenait dans les allées, auxquelles madame de Maintenon et lui avaient donné des noms. Il y avait l'allée de l'Institutrice, l'allée Solitaire, l'allée des Réflexions. Les demoiselles chantaient alors des cantates en son honneur, et c'est pour une de ces cantates que Lulli avait composé ce bel air, qui depuis a passé en Angleterre, et est devenu l'air national anglais sur les paroles du *God save the King* [28].

Non contente de s'occuper ainsi journellement et sans relâche des diverses parties de l'établissement, elle s'occupait en particulier, autant qu'elle le pouvait, de chacune des élèves; elle les faisait venir, causait avec elles, en recevait des lettres et leur répondait pour former leur style. Elle ne négligeait rien de ce qui les concernait; elle prenait soin de leur taille, de leur air, de leur démarche, de leurs ouvrages, de leurs jeux, et se mêlait à leurs récréations. Elle les formait à la politesse que le monde exige, et dont elle avait un sentiment si exquis; mais elle cherchait à donner à cette politesse la charité pour fondement. « La « politesse du monde, disait-elle, n'est que dissi- « mulation et vanité; la vraie charité, qui est la « politesse du chrétien, est la plus parfaite de « toutes les politesses*. » Elle avait toujours près d'elle quelqu'une des grandes, qui lui servait de secrétaire, et en quelque sorte de fille d'honneur; et quelquefois de petites aussi, qu'elle faisait travailler sous ses yeux. A leur sortie, elle s'occupait de leur établissement, ne les perdait point de vue, et leur conservait toujours une affection maternelle [20]. Mademoiselle d'Aumale fut celle qui resta le plus longtemps auprès de sa personne. Elle y

---

* Lettre a une maîtresse de classe.

fut jusqu'à sa mort, et a laissé des mémoires manuscrits où l'on regrette que les détails ne soient pas plus multipliés. « Lorsque madame de « Maintenon me prit, dit-elle, elle dit à ses femmes : « Ayez bien soin de cette demoiselle, elle est de plus « grande naissance que moi et mérite mieux d'être « servie; car malgré son élévation elle s'abaissait « toujours*. »

Telle était l'éducation de Saint-Cyr, noble et simple à la fois, et surtout chrétienne; ainsi la voulait madame de Maintenon, « et elle « nous était sur cela, dit la religieuse qui a « écrit le Mémorial**, un bel exemple. On ne « pouvait assez admirer en elle tant de grandes « qualités réunies sans qu'elle parût s'en aperce- « voir; elle était sans faste, encore qu'elle eût un

* Mémoires manuscrits de mademoiselle d'Aumale.
** Madame du Peyrou.

« air majestueux qui imprimait le respect; mais
« c'était une majesté naturelle et gracieuse qui
« n'avait rien de fier ni d'affecté. Tout respirait en
« elle la bonté, la vertu, une noble simplicité, une
« modestie qui s'étendait à tout, et qui la rendait
« ingénieuse à ensevelir dans le silence, autant
« qu'il lui était possible, ce qui pouvait tourner à
« sa gloire. Elle savait beaucoup sur toutes sortes
« de matières; cependant elle ne disait jamais rien
« qui sentît le moindre savoir, ou elle le disait d'une
« manière incertaine et douteuse, et comme ne le
« sachant que par ouï-dire. Elle répétait que rien ne
« sied si mal aux femmes que de vouloir paraître
« savantes, de même qu'elle nous conseillait de
« n'être jamais pressées de dire notre avis, et,
« quand il était à propos, de le dire d'une manière
« modeste et déférente, sans trop appuyer sur
« notre opinion. C'est ainsi qu'elle s'expliquait

« elle-même, soit dans les conseils, soit dans la
« conversation, donnant souvent le mérite aux
« autres du succès de ses propres avis. Aussi,
« malgré le goût qu'elle avait pour l'esprit, don-
« nait-elle toujours la préférence à la raison et au
« bon sens sur le brillant de l'imagination, et
« portait-elle le même jugement dans ce qui avait
« rapport à la piété. Elle craignait pour nous les
« nouveautés, la trop grande curiosité, et le désir
« de savoir. Gardez, nous disait-elle, une grande
« simplicité dans le choix de vos livres. Lisez
« pour profiter, n'ayez point d'autres vues ; elles
« sont toutes vaines ou dangereuses, et nous
« sommes trop heureuses d'être obligées, par
« notre sexe et par notre ignorance, à être simples
« et soumises, puisque c'est la voie la plus facile et
« la plus sûre. Elle ne songeait enfin qu'à nous être
« utile de toutes manières, et à nous donner tout

« ce qui dépendait d'elle, sa personne, ses gens,
« son crédit, son expérience; et cela, avec une
« bonté et une persévérance sans bornes. Aussi
« était-elle en tout notre lumière, notre conseil et
« notre force, nous conduisant comme par la
« main, et avions-nous en elle une confiance en-
« tière, avec une vénération, un attachement et
« une docilité d'enfant, qui nous faisait déférer
« avec une entière soumission de cœur et d'esprit
« à sa volonté *. »

Tout était si bien ordonné à Saint-Cyr, que cette maison devint le modèle des éducations de ce genre. Partout on demandait des demoiselles de Saint-Cyr; on en reçut dans beaucoup de communautés; elles en édifièrent un grand nombre et en gouvernèrent plusieurs : madame de Maintenon

* Mémorial de Saint-Cyr.

les dirigeait encore par correspondance dans ces emplois importants. On en demanda même à l'étranger, et on chercha dans plusieurs pays à imiter leur institution [30].

Napoléon faisant un jour compliment à madame Campan de la bonne tenue d'Écouen, lui dit : « C'est presque aussi bien qu'à Saint-Cyr. » Sa sœur aînée, madame Bacciochi, y avait été élevée, et en tirait grand orgueil [31], pendant que le jeune Buonaparte lui-même était, de son côté, élevé aux frais du roi, à Brienne. Après être sorti de l'École militaire, il vint voir souvent sa sœur à Saint-Cyr [32], et il avait conservé beaucoup de vénération et d'estime pour cette maison, où il prit sans doute l'idée de l'établissement des filles de la Légion-d'Honneur.

Puisqu'il est question de Napoléon, dont le nom jeté au milieu de ce récit nous tire tout à coup comme d'un rêve, et nous rappelle les secousses terribles qui ont bouleversé ce monde de Louis XIV, et ont rendu le temps où nous sommes si différent de celui que nous racontons, on sera peut-être curieux de connaître le jugement qu'il portait sur madame de Maintenon. Voici ce qui est rapporté dans le Mémorial de Sainte-Hélène.

31 août 1816. — « De là, dit M. de Las Cases,
« passant à madame de Maintenon, l'Empereur
« lui trouvait une des carrières les plus extraor-
« dinaires. C'était la *Bianca Capello* du temps,
« disait-il ; moins romancière, mais aussi pas si
« amusante. Et poursuivant ses doutes histori-
« ques, il ne revenait pas du mystère de son
« mariage. Il était parfois tenté de le regarder
« comme un problème, malgré tout ce qu'en
« avaient dit les mémoires du temps. Le fait est,
« observait-il, qu'il n'existe et n'a jamais existé

« aucune preuve officielle et authentique. Or, quel
« pouvait être le motif de Louis XIV, de tenir cette
« mesure si strictement secrète, pour son temps
« et pour l'avenir? ou comment la famille des
« Noailles, parente de madame de Maintenon,
« n'a-t-elle jamais rien laissé percer à cet égard,
« surtout encore madame de Maintenon ayant
« survécu à Louis XIV? »

4 septembre 1816. — « ..... Après dîner, il nous
« a lu la fameuse lettre somptuaire de madame
« de Maintenon à son frère, dans laquelle elle lui
« fixe son ménage, article par article, à six mille
« francs par an. »

6 septembre 1816. — « L'Empereur est revenu
« encore sur madame de Maintenon, qui était sa
« lecture du moment. Son style, sa grâce, la pu-
« reté de son langage me ravissent, a-t-il dit; je
« me raccommode. Si je suis violemment heurté

« par ce qui est mauvais, j'ai une sensibilité ex-
« quise pour ce qui est bon. Je crois que je préfère
« les Lettres de madame de Maintenon à celles de
« madame de Sévigné; elles disent plus de choses.
« Madame de Sévigné certainement restera tou-
« jours le vrai type; elle a tant de charmes et de
« grâces! Mais quand on en a beaucoup lu, il ne
« reste rien. Ce sont des œufs à la neige, dont on
« peut se rassasier sans charger son estomac. »

L'établissement de Saint-Cyr fut donc un établissement non-seulement utile à la noblesse,
mais très-utile en lui-même, par les principes de
bonne éducation qu'il répandit dans le royaume,
et par toutes les personnes accomplies qui en sortirent, et qui, pendant plus de cent années, portèrent
l'exemple de la vertu et de la piété dans un si
grand nombre de familles [33]. On fit rarement plus
de bien que madame de Maintenon n'en fit par

cette fondation, et le succès soutenu dont Dieu bénit son entreprise répondit aux critiques qui ne manquèrent pas de s'élever à sa naissance.

Madame de Lafayette disait dans ses Mémoires : « Madame de Maintenon, qui est fonda« trice de Saint-Cyr, toujours occupée du dessein
« d'amuser le roi, y fait souvent faire quelque
« chose de nouveau à toutes les petites filles qu'on
« élève dans cette maison, dont on peut dire que
« c'est un établissement digne de la grandeur du
« roi, et de l'esprit de celle qui l'a inventé et qui
« le conduit. Mais quelquefois les choses les mieux
« instituées dégénèrent considérablement, et cet
« endroit, qui, maintenant que nous sommes dé« vots, est le séjour de la vertu et de la piété,
« pourra quelque jour, sans percer dans un pro« fond avenir, être celui de la débauche et de l'im« piété ; car de songer que trois cents jeunes filles

« qui y demeurent jusqu'à vingt ans, et qui ont
« à leur porte une cour remplie de gens éveillés,
« surtout quand l'autorité du roi n'y sera plus
« mêlée ; de croire, dis-je, que de jeunes filles
« et de jeunes hommes soient si près les uns des
« autres sans sauter les murailles, cela n'est
« presque pas raisonnable. »

La prédiction de madame de Lafayette ne s'est pas accomplie. Saint-Cyr est resté tel que madame de Maintenon l'avait établi, et c'était pour le mettre à l'abri de ces dangers qu'elle s'appliquait autant à y fonder des maximes, un esprit et des coutumes qui vécussent après elle. Au reste, tout en faisant de la piété la base principale de l'éducation, elle ne pensait pas que les agréments du corps et de l'esprit dussent être négligés, et les représentations dramatiques, qui peuvent servir à donner de la grâce, à orner la mémoire et à former à une bonne prononciation, lui parurent un divertissement utile et agréable qu'il était bon d'autoriser. On se rappelle sur-le-champ que c'est à cette idée que nous devons *Esther* et *Athalie*, et cela seul suffirait à faire bénir sa mémoire. Madame de Brinon avait déjà fait déclamer d'anciennes tragédies sur des sujets pieux, dont les vers étaient détestables. Elle en avait composé elle-même, qui, malgré l'esprit qu'elle avait, n'étaient pas meilleures. Madame de Maintenon, pensant qu'en chaque chose il faut toujours prendre ce qu'il y a de mieux, crut qu'il n'y aurait pas d'inconvénient à faire jouer aux demoiselles quelques-unes des pièces de Corneille et de Racine. Mais elle s'aperçut bientôt, par la manière dont les demoiselles jouèrent d'elles-mêmes leurs rôles, qu'elles entraient trop bien dans l'esprit des personnages, et que les sentiments dont elles s'y pénétraient pou-

vaient s'accorder mal, dans ces jeunes cœurs, avec l'esprit de piété et de vertu qu'on cherchait à leur inspirer. « Nos petites, écrivit-elle à Racine, vien-
« nent de jouer votre *Andromaque*, et l'ont si bien
« jouée, qu'elles ne la joueront plus, ni aucune de
« vos pièces. » Elle le pria de lui faire quelque espèce de poëme moral ou historique, mais dialogué, et dont l'amour fût entièrement banni. Cet ouvrage pouvait être impunément contre les règles ; il resterait enseveli à Saint-Cyr. Il suffisait qu'il instruisît et amusât des enfants.

Racine, qui, depuis douze ans, avait renoncé au théâtre, se réveilla comme en sursaut de son long sommeil, à l'âge de quarante-huit ans ; et, cédant facilement à une demande qui le ramenait à ses anciens penchants, sans contredire les sentiments qui l'en avaient éloigné, « il se jeta dans une
« nouvelle et immense carrière qu'il parcourut en

« deux pas : *Esther* pour son coup d'essai, *Athalie*, « pour son coup de maître*. » Le sujet d'*Esther* lui parut tout d'abord propre à remplir les vues de madame de Maintenon, et il lui en apporta bientôt, non-seulement le plan (car il avait coutume d'écrire ses pièces en prose, scène par scène, avant d'en faire les vers), mais le premier acte tout fait.

Madame de Maintenon en fut charmée. Sa modestie ne put l'empêcher de s'y reconnaître. Vhasti avait ses applications, Aman avait plusieurs traits de ressemblance, et l'histoire d'Esther convenait parfaitement à Saint-Cyr. Les chœurs, que Racine, à l'imitation des Grecs, avait toujours voulu remettre sur la scène, s'y trouvaient naturellement placés, et il était ravi de cette occasion

* Sainte-Beuve, *Critiques et portraits*.

d'en donner le goût. Boileau, redoutant cette entreprise pour la réputation de son ami, l'en avait d'abord dissuadé, mais il l'y encouragea vivement quand il en vit le plan achevé. Au point de vue où Racine était placé, on ne peut, en effet, qu'admirer le parti qu'il sut tirer de ce gracieux épisode de la Bible et tout l'esprit qu'il mit dans cette composition. Il ne faut pas y chercher rigoureusement toutes les conditions dramatiques, auxquelles on n'avait point voulu s'astreindre, et on ne doit pas l'oublier, quand on veut juger le mérite de l'ouvrage en lui-même. *Esther* ne fut point, à proprement parler, une tragédie; la première publication qu'on en fit n'est pas même ainsi nommée dans le privilége du roi. *Esther* y est qualifiée d'*ouvrage de poésie, tiré de l'Écriture sainte, et propre à être récité et à être chanté*. Le droit d'impression, d'après ce privilége, était ac-

cordé aux dames de Saint-Louis pour la durée de quinze années, et il était défendu à tous les théâtres de jouer cet *ouvrage de poésie* [34]. Racine dit lui-même dans sa préface : « Les personnes illus-
« tres, qui ont bien voulu prendre la principale
« direction de la maison de Saint-Cyr, me firent
« l'honneur de me demander si je ne pourrais pas
« faire, sur quelque sujet de piété et de morale, une
« espèce de poëme où le chant fût mêlé avec le
« récit, le tout lié par une action qui rendît la
« chose plus vive et moins capable d'ennuyer. Je
« leur proposai le sujet d'Esther, qui les frappa
« d'abord. Cette histoire leur paraissait pleine
« de grandes leçons d'amour de Dieu et de déta-
« chement du monde au milieu du monde même,
« et je crus, de mon côté, que je trouverais assez
« de facilité à traiter ce sujet, d'autant plus qu'il
« me sembla que, sans altérer aucune des circon-

« stances tant soit peu considérables de l'Écriture
« sainte, ce qui serait, à mon avis, une espèce de
« sacrilége, je pourrais remplir toute mon action
« avec les seules scènes que Dieu lui-même, pour
« ainsi dire, a préparées. »

Cette tragédie est, en effet, une sorte de cantique ; c'est l'histoire de l'Ancien-Testament mise en scène, le récit mis en action, et dans le langage de la plus belle poésie, d'un fait intéressant et miraculeux, présenté, d'après un livre divin, à de jeunes filles pleines de foi et de piété. *Esther* n'était point faite pour le théâtre ; son vrai cadre était Saint-Cyr ; c'est là qu'il faut se représenter ces jeunes personnes jouant, en présence du monarque leur bienfaiteur, cette pièce, qui rappelait leur propre histoire et celle de leur fondatrice, et dont toutes les allusions étaient si facilement senties ; c'est là qu'il fallait entendre ces chœurs de véritables filles de Sion, chantant avec des voix jeunes et pures les louanges de Dieu en si beaux vers. Quelle impression ne devaient pas produire ceux-ci :

> Cependant mon amour pour notre nation
> A rempli ce palais des filles de Sion :
> Jeunes et tendres fleurs par le sort agitées,
> Sous un ciel étranger comme moi transplantées !
> Dans un lieu séparé de profanes témoins,
> Je mets à les former mon étude et mes soins ;
> Et c'est là que fuyant l'orgueil du diadème,
> Lasse de vains honneurs et me cherchant moi-même,
> Aux pieds de l'Éternel je viens m'humilier,
> Et goûter le plaisir de me faire oublier.

Il n'y a rien de profane dans Esther ; tout y est pur, céleste, harmonieux ; tout y respire l'innocence et la piété ; l'amour d'Assuérus y est chaste et contenu ; ce n'est ni la beauté ni la passion qui l'entraînent, ces mots ne sont pas même prononcés; en présence d'Esther, il est amoureux de la vertu.

> Oui, vos moindres discours ont des grâces secrètes ;
> Une noble pudeur à tout ce que vous faites
> Donne un prix que n'ont point ni la pourpre ni l'or.
> . . . .
> Je ne trouve qu'en vous je ne sais quelle grâce
> Qui me charme toujours et jamais ne me lasse.
> De l'aimable vertu doux et puissants attraits !
> Tout respire en Esther l'innocence et la paix.
> Du chagrin le plus noir elle écarte les ombres,
> Et fait des jours sereins de mes jours les plus sombres [35].

Le poëte avait voulu dédier sa tragédie à madame de Maintenon; mais quelque sensible qu'elle fût intérieurement à tant d'allusions flatteuses, elle ne le voulut pas, et défendit même que son nom fût prononcé dans la préface.

Toutes les critiques sur la froideur et les invraisemblances de l'action tombent devant ces réflexions et ces souvenirs. Esther représentée sur nos théâtres profanes, et sans les chœurs qui sont comme les ailes qui élèvent aux cieux cette pensée poétique, ou plutôt cette prière continuelle, perd presque tous ses charmes.

Racine distribua lui-même les rôles; Boileau et lui apprirent aux demoiselles à les déclamer. On sait combien Racine excellait dans l'art de la déclamation. Moreau fit la musique des chœurs; madame de Maintenon fit faire, à beaucoup de frais, de très-beaux habits à la persane, qu'on orna des pierreries qui avaient servi autrefois dans les ballets du roi; on dressa un théâtre dans un grand vestibule qui était au-dessus de celui des classes: Bérin, décorateur des spectacles de la cour, fut chargé des décorations, le roi prêta sa musique, et lorsque tout fut prêt, madame de Maintenon, qui avait aussi en vue de l'amuser, l'invita à la première représentation, qui eut lieu le 26 janvier 1689.

Le jour étant pris, le roi arriva à trois heures. Toutes les demoiselles de Saint-Cyr étaient rangées sur des gradins en amphithéâtre, selon la couleur du ruban de leurs classes ; d'un autre côté, les dames de la communauté, et au milieu, devant le théâtre, un fauteuil préparé pour le roi, avec un pliant à côté et un peu en arrière, pour madame de Maintenon; puis des siéges pour la suite du roi, qui n'avait amené que sa cour la plus intime [36].

Cette représentation eut le plus grand succès. Mademoiselle de Veilhant faisait Esther; mademoiselle de la Maisonfort, Élise; mademoiselle de Lallie, grande et belle, Assuérus; mademoiselle de Glapion, pleine d'esprit et de talent pour la déclamation, Mardochée. « J'ai trouvé, écrivait Racine « à madame de Maintenon, un Mardochée dont la « voix va jusqu'au cœur. » Mademoiselle d'Abancourt faisait Aman, et mademoiselle de Marsilly, Zarès. D'autres, dont les voix étaient très-belles, formaient les chœurs, et madame de Caylus [37] récitait d'une manière ravissante le prologue de la piété.

« Jusque-là, dit-elle, il n'avait pas été question
« de moi ni que je dusse remplir un rôle; mais
« me trouvant présente aux récits que M. Racine
« venait faire à madame de Maintenon, de chaque
« scène, à mesure qu'il les composait, j'en retenais
« des vers, et comme j'en récitais un jour à M. Ra-
« cine, il en fut si content qu'il demanda en grâce
« à madame de Maintenon de m'ordonner de
« faire un personnage, ce qu'elle fit. Mais je n'en
« voulus point de ceux qu'on avait déjà destinés,
« ce qui l'obligea de faire pour moi le prologue
« de la piété *. »

* Souvenirs de madame de Caylus.

Le roi témoigna sa satisfaction à plusieurs reprises, et, de retour à Versailles, ne parla d'autre chose à son souper. Bientôt il ne fut plus question que d'*Esther*. « On a représenté, à Saint-Cyr, la
« comédie d'*Esther*, écrit madame de Sévigné à
« sa fille, le roi l'a trouvée admirable, M. le prince
« y a pleuré, Racine n'a rien fait de plus beau ni
« de plus touchant. Il y a une prière d'Esther à
« Assuérus qui enlève. J'étais en peine qu'une
« petite demoiselle représentât ce roi. On dit que
« cela est fort bien[*]. »

Monsieur et tous les princes demandèrent bientôt à voir cette pièce; les principaux courtisans le sollicitèrent comme une grâce, et le roi les y mena tour à tour. Il faisait lui-même la liste, comme pour les voyages de Marly, entrait le premier dans

---

[*] Lettre du 18 février 1689.

la salle, et se tenait à la porte, la canne haute comme pour servir de barrière jusqu'à ce que toutes les personnes admises fussent entrées. Il faisait ensuite refermer la porte, et donnait des ordres pour que sa présence n'entraînât pas le moindre tumulte dans la maison.

« Je fis ma cour, l'autre jour, à Saint-Cyr,
« écrit encore madame de Sévigné*, plus
« agréablement que je n'eusse jamais pensé.
« Nous y allâmes samedi, madame de Coulanges,
« madame de Bagnols, l'abbé Têtu et moi. Nous
« trouvâmes nos places gardées : un officier dit à
« madame de Coulanges que madame de Main-
« tenon lui faisait garder un siége auprès d'elle ;
« vous voyez quel honneur. Pour vous, madame,
« me dit-il, vous pouvez choisir. Je me mis avec

---

* Lettre du 21 février 1689.

« madame de Bagnols au second banc, derrière
« les duchesses. Le maréchal de Bellefonds vint
« se mettre, par choix, à mon côté droit, et de-
« vant c'étaient mesdames d'Auvergne, de Coislin
« et de Sully. Nous écoutâmes, le maréchal et
« moi, cette tragédie avec une attention qui fut
« remarquée, et de certaines louanges sourdes et
« bien placées, qui n'étaient peut-être pas sous
« les *fontanges* de toutes les dames. Je ne puis vous
« dire l'excès de l'agrément de cette pièce : c'est
« une chose qui n'est pas aisée à représenter, et
« qui ne sera jamais imitée ; c'est un rapport de
« la musique, des vers, des chants, des personnes,
« si parfait et si complet, qu'on n'y souhaite rien :
« les filles qui font des rois et des personnages,
« sont faites exprès : on est attentif, et on n'a
« point d'autre peine que celle de voir finir une
« si aimable pièce ; tout y est simple, tout y est

« innocent, tout y est sublime et touchant. Cette
« fidélité de l'histoire sainte donne du respect;
« tous les chants, convenables aux paroles qui
« sont tirées des psaumes ou de la *Sagesse*, et mis
« dans le sujet, sont d'une beauté que l'on ne sou-
« tient pas sans larmes : la mesure de l'approba-
« tion qu'on donne à cette pièce, c'est celle du
« goût et de l'attention. J'en fus charmée, et le
« maréchal aussi, qui sortit de sa place pour aller
« dire au roi combien il était content, et qu'il
« était auprès d'une dame qui était bien digne
« d'avoir vu *Esther*. Le roi vint vers nos places ;
« et, après avoir tourné, il s'adressa à moi, et
« me dit : « Madame, je suis assuré que vous avez
« été contente. » Moi, sans m'étonner, je ré-
« pondis : « Sire, je suis charmée; ce que je sens
« est au-dessus des paroles. » Le roi me dit : « Ra-
« cine a bien de l'esprit. » Je lui dis : « Sire, il en

« a beaucoup; mais, en vérité, ces jeunes per-
« sonnes en ont beaucoup aussi : elles entrent
« dans le sujet, comme si elles n'avaient jamais
« fait autre chose. — Ah! pour cela, reprit-il, il
« est vrai. » Et puis Sa Majesté s'en alla, et me
« laissa l'objet de l'envie. Comme il n'y avait
« quasi que moi de nouvelle venue, le roi eut
« quelque plaisir de voir mes sincères admirations
« sans bruit et sans éclat. M. le prince et madame
« la princesse vinrent me dire un mot : madame
« de Maintenon, un éclair; elle s'en allait avec le
« roi : je répondis à tout, car j'étais en fortune.
« Nous revînmes le soir aux flambeaux : je soupai
« chez madame de Coulanges, à qui le roi avait
« parlé aussi avec un air d'être chez lui, qui lui
« donnait une douceur trop aimable. Je vis le soir
« M. le chevalier; je lui contai tout naïvement
« mes petites prospérités, ne voulant point les

« cachotter sans savoir pourquoi, comme de cer-
« taines personnes; il en fut content, et voilà qui
« est fait. Je suis assurée qu'il ne m'a point trouvé,
« dans la suite, ni une sotte vanité, ni un trans-
« port de bourgeoise, demandez-lui. M. de
« Meaux (*Bossuet*) me parla fort de vous, M. le
« prince aussi : je vous plaignis de n'être pas là ;
« mais le moyen? on ne peut pas être partout. »

Le roi et la reine d'Angleterre voulurent aussi voir Esther, et le roi les y conduisit. Les actrices jouaient toujours avec la même perfection et le même désir de plaire à de si augustes spectateurs : quelques-unes se mettaient à genoux dans la coulisse et faisaient leur prière avant le lever de la toile, pour ne pas manquer. Racine était toujours derrière le théâtre, attentif aux entrées, et à ce que tout se passât bien. Un jour mademoiselle de la Maisonfort hésita dans son rôle; Racine en fut très-ému, et quand elle quitta la scène, il lui dit d'un air pénétré : « Ah! Mademoiselle, voici une pièce perdue. » A ce mot, la pauvre jeune personne, croyant tout perdu en effet, se mit à pleurer, et Racine, au désespoir de l'avoir affligée, et plus encore de voir qu'il n'avait fait qu'augmenter le mal, et que tout allait manquer en effet, si elle ne se remettait promptement, tira son mouchoir de sa poche, l'appliqua lui-même sur les yeux de la demoiselle, comme on fait aux enfants pour les calmer, en l'encourageant par de douces paroles. Quand elle reparut, le roi, à qui rien n'échappait, s'aperçut qu'elle avait les yeux rouges, et dit : « La petite chanoinesse a pleuré [38], » ce qui fit connaître l'aventure, et la charmante simplicité de Racine, si préoccupé du succès de sa pièce, dont on rit beaucoup.

Le roi revit ainsi plusieurs fois cette pièce qu'on

joua pendant deux hivers avec le même succès.
L'enchantement était universel. Madame de La
Fayette, qui avait été liée autrefois avec madame
de Maintenon[39], put bien dire, dans son petit
cercle intime, avec un peu d'aigreur : que tant
d'admiration venait davantage du mérite des allusions et de la flatterie des courtisans que du talent
des actrices et de la beauté de la pièce, « qui re-
« présentait en quelque sorte l'élévation de ma-
« dame de Maintenon, et la chute de madame de
« Montespan, avec cette différence qu'Esther était
« un peu plus jeune et moins précieuse en fait de
« piété*. » Mais madame de Sévigné nous a peint
au naturel le sincère enthousiasme de toute la
cour, charmée de ce spectacle unique et délicieux.
Le roi, quoiqu'un peu confus des grands éloges

* Mémoires de madame de La Fayette.

que lui donnait la Piété, se montrait ravi. Madame de Maintenon, assise sur son tabouret auprès de lui, attentive à toutes ses questions, exposée à tous les regards qu'elle soutenait avec modestie et majesté, dissimulait, par une joie ouverte, sur le succès de ses élèves, une joie plus secrète et plus douce qui devait flatter son cœur. Racine, toujours présent sur le théâtre, ne cachait rien de celle qu'il éprouvait, et chacun, sincèrement transporté, applaudissait ou pleurait d'admiration. Tout, dans ce pieux divertissement, le choix de l'assistance, le caractère du lieu, la beauté des vers, l'imposante majesté du roi, la réunion de toutes ces jeunes filles, et ce mélange singulier de la cour et du cloître, tout concourait à former un tableau qui ne s'est point effacé, et qui est resté dans l'imagination comme un des charmants épisodes de ce beau règne, où se retrouvent à la fois, comme en presque tout ce qui lui appartient, la grandeur, la simplicité et le génie.

Le roi fut si satisfait, qu'il demanda à Racine un second chef-d'œuvre pour l'année suivante, et cette fois le chef-d'œuvre fut celui de la scène française. *Athalie* offrit, dans la tragédie la plus parfaite, le modèle de toutes les tragédies.

Cependant quelques personnes rigides s'alarmèrent de ces représentations. Quoique beaucoup d'ecclésiastiques vertueux les eussent approuvées par leur présence, il y en eut d'autres qui représentèrent à madame de Maintenon, qu'exposer ainsi toute cette jeunesse aux regards et aux applaudissements de la cour, exciter leur amour-propre, leur coquetterie, leur jalousie peut-être entre elles, et causer une si grande dissipation, s'accordait peu avec la modestie dans laquelle elles devaient être élevées, et avec l'esprit de l'établissement;

que tous les couvents avaient les yeux sur Saint-Cyr, et qu'ils suivraient l'exemple que Saint-Cyr aurait donné; qu'on y jouerait des pièces profanes, après y avoir joué des pièces pieuses; qu'enfin ces divertissements, longtemps continués, pourraient avoir de graves inconvénients.

Madame de Maintenon, après y avoir bien pensé, se rendit à ces raisons, que l'évêque de Chartres appuya fortement, et *Athalie* apprise, on ne la joua que deux ou trois fois à Versailles, devant le roi, avec l'habit de Saint-Cyr, et dans l'appartement de madame de Maintenon. « La pièce « est si belle, dit madame de Caylus, que l'action « n'en parut pas refroidie, et qu'elle fit autant « d'impression que plus tard avec tout le prestige « du théâtre. » Quelquefois on la joua à Saint-Cyr, mais dans la classe bleue, sans costumes et sans assistants. C'est ainsi que le roi et la reine d'Angleterre vinrent la voir. Madame de Maintenon la fit encore jouer pour M. d'Aubigné, archevêque de Rouen, mais se repentit ensuite de sa condescendance[40], et peu à peu ces représentations n'eurent lieu que très-rarement, et toujours dans l'intérieur des classes, sans aucun public.

On sait que lorsque *Athalie* fut imprimée (1691), elle n'eut point de succès. Son malheur fut de n'avoir pas été représentée, même à Saint-Cyr. « *Atha-*
« *lie*, dit La Harpe, était une production absolu-
« ment originale, et qui ne ressemblait à rien de
« ce que l'on connaissait. Quand les créations du
« génie déconcertent toutes les idées reçues, il
« commence par ôter aux hommes la mesure la
« plus ordinaire des jugements, la comparaison.
« En effet, à quoi comparer ce qui ne se rapproche
« de rien? Il ne reste d'autre règle que le senti-
« ment; mais dans la poésie dramatique, le sen-

« timent ne peut guère prononcer qu'au théâtre,
« et *Athalie* ne fut pas jouée..... Il fallait qu'elle
« fût placée dans son cadre, pour que la multi-
« tude sentît que ce tableau religieux pouvait être
« touchant, et les connaisseurs mêmes ne pou-
« vaient voir que sur la scène tout ce qu'il a d'au-
« guste et d'admirable. Arnauld, qui aimait Ra-
« cine, et qui estimait *Athalie*, la plaçait pourtant
« au-dessous d'*Esther*, à qui elle est si supérieure.
« Le grand succès qu'*Esther* avait eu à Saint-Cyr,
« nuisit encore à *Athalie*, qui ne fut pas repré-
« sentée. On profita de cette circonstance pour
« blâmer l'auteur d'avoir fait une seconde tenta-
« tive dans le même genre : on prétendit que ces
« sortes de choses ne réussissaient pas deux fois.
« Personne ne concevait alors qu'une pièce sans
« amour pût être théâtrale... Quand la pièce fut
« imprimée, la prévention était déjà établie, et

« il était convenu qu'*Athalie* devrait ennuyer*. »

La postérité cependant ne tarda pas à ratifier le jugement de Boileau, qui, s'élevant contre cette méprise du public, soutint qu'*Athalie* était le chef-d'œuvre de Racine. Madame de Maintenon le soutint toujours aussi, et la sûreté de son goût ne s'y trompa pas. Plus tard, madame la duchesse de Bourgogne, qui avait déjà fait quelque petit rôle de jeune israélite dans *Esther*, voulut jouer *Athalie*, et l'on se remit à la jouer, ainsi que quelques autres pièces, à Versailles, dans l'appartement de madame de Maintenon**, mais à ce qu'il paraît avec assez de défaveur; car madame de Maintenon écrit au comte d'Ayen [41] : « Voilà donc *Athalie* encore « tombée! Le malheur poursuit tout ce que je pro- « tége et que j'aime. Madame la duchesse de Bour-

---

* La Harpe, *Cours de Littérature*.
** *Voir* Dangeau, 6 décembre 1699, et février 1702.

« gogne m'a dit qu'elle ne réussirait pas; que
« c'était une pièce fort froide; que Racine s'en
« était repenti; que j'étais la seule qui l'estimais,
« et mille autres choses qui m'ont fait pénétrer,
« par la connaissance que j'ai de cette cour-là,
« que son personnage lui déplaît. Elle veut jouer
« Josabeth, qu'elle ne jouera pas comme la com-
« tesse d'Ayen; elle fera pourtant tout ce que je
« voudrai. Je lui ai répondu que ce n'était pas à
« elle de se contraindre dans un divertissement
« que je n'avais imaginé que pour elle. Elle est
« ravie, et trouve *Athalie* merveilleuse. Jouons-la,
« puisque nous y sommes engagés; mais, en vé-
« rité, il n'est point agréable de se mêler des plai-
« sirs des grands. Vous faites aussi ces choses-là
« trop parfaites, trop magnifiques, trop dépen-
« dantes d'eux. L'année prochaine, nous pren-
« drons un autre tour. En attendant, il faudra

« que la comtesse d'Ayen fasse Salomith ; car, sans
« compter ce que l'on doit à madame de Mailly,
« qu'on fait venir pour jouer *Athalie*, je ne puis me
« résoudre à voir la comtesse d'Ayen jouer la fu-
« rieuse. Bonsoir, mon cher neveu ; nous nous
« étions promis des plaisirs, et voilà des dégoûts.
« Je ne sais comment était le monde avant moi ;
« mais, depuis que je le connais, il est bien comme
« cela. » Ce fut en 1716 qu'on joua *Athalie* pour la
première fois au théâtre. Elle eut quinze représentations suivies avec affluence et applaudies avec
transport, et depuis elle s'est soutenue sur la
scène avec le même éclat.

Racine fit encore cette même année, pour
la maison de Saint-Cyr, quatre cantiques ti-
rés de l'Écriture sainte, qui sont au nombre
de ses plus beaux ouvrages. Le roi les fit
plusieurs fois exécuter devant lui, et la pre-

mière fois qu'il entendit chanter ces paroles :

> Mon Dieu, quelle guerre cruelle !
> Je trouve deux hommes en moi :
> L'un veut que, plein d'amour pour toi,
> Mon cœur te soit toujours fidèle ;
> L'autre, à tes volontés rebelle,
> Me révolte contre ta loi ;

il se tourna vers madame de Maintenon et lui dit : « Madame, voilà deux hommes que je connais « bien. »

L'abbé de Choisy, Duché, J.-B. Rousseau, l'abbé Pellegrin, s'il est permis de les nommer après Racine, travaillèrent aussi pour Saint-Cyr, et furent récompensés par madame de Maintenon. On eut d'eux : *Judith, Jephté, Absalon, Débora, les Stances chrétiennes* et *les Odes sacrées*. Elle mettait tout le monde à contribution. « Vous connais- « sez, monsieur le comte, écrivait-elle au comte « d'Ayen, la passion que j'ai pour Saint-Cyr ; mais

« vous ne savez peut-être pas dans quel détail
« j'entre sur l'éducation des demoiselles. Il faut
« les occuper dans une classe depuis le matin jus-
« qu'au soir, et cela n'est pas facile pour des filles
« qui ont dix-huit ou vingt ans. Vous avez vu tout
« ce que j'ai imaginé pour remplir leur mémoire
« de belles et bonnes choses, ou du moins d'inno-
« centes. M. l'abbé de Choisy a eu la complaisance
« pour moi de faire des histoires très-agréable-
« ment écrites, et qui donnent des exemples de
« vertu. Il a fait la *Vie de David*, celle d'*Esther*...
« Venons au fait : n'avez-vous pas sous votre pro-
« tection quelque bel esprit qui eût un appétit égal
« à son mérite, et qui n'eût point un revenu égal
« à son appétit? De mon temps, cela n'était pas
« sans exemple. Eh bien! je voudrais qu'il voulût
« me faire de petites histoires bien choisies, qui,
« en divertissant de jeunes personnes, ne leur

« laissassent dans l'esprit que des choses vraies et
« raisonnables, qui leur montrassent le vice puni
« tôt ou tard, et la vertu récompensée. Je ne vou-
« drais pas qu'il y eût du merveilleux, car je con-
« nais le danger qu'il y a de ne pas accoutumer
« l'esprit à des mets simples, etc. »

L'expérience, qui n'est que la raison démontrée par les faits, justifia bientôt les appréhensions qu'on avait eues au sujet des représentations de Saint-Cyr. Les applaudissements publics, les visites du roi, les rapports avec de grands poëtes, les voyages à Versailles dans les carrosses de la cour, avaient tourné la tête aux demoiselles, leur avaient inspiré des idées de vanité et de hauteur, et un goût raffiné pour les choses d'esprit, qui causèrent un vrai désordre dans la maison. Elles devinrent indépendantes, fières, dégoûtées de la simplicité, en un mot, insupportables. Madame de Maintenon, qui en voyait tout le danger, en fut très-affectée, et se donna beaucoup de peine pour corriger ce mal.

« La peine que j'ai sur les filles de Saint-Cyr,
« écrivit-elle à la maîtresse générale des classes, ne
« se peut réparer que par le temps et par un chan-
« gement entier de l'éducation que nous leur avons
« donnée jusqu'à cette heure. Il est bien juste que
« j'en souffre, puisque j'y ai contribué plus que
« personne, et je serai bien heureuse si Dieu ne
« m'en punit pas plus sévèrement. Mon orgueil
« s'est répandu dans toute la maison, et le fond
« en est si grand, qu'il l'emporte par-dessus mes
« bonnes intentions. Dieu sait que j'ai voulu éta-
« blir la vertu dans Saint-Cyr; mais j'ai bâti sur
« le sable, n'ayant point ce qui seul peut faire un
« fondement solide. J'ai voulu que les filles eus-
« sent de l'esprit, qu'on élevât leur cœur, qu'on

« formât leur raison ; j'ai réussi dans ce dessein :
« elles ont de l'esprit et s'en servent contre nous ;
« elles ont le cœur élevé et sont plus fières et plus
« hautaines qu'il ne conviendrait de l'être aux
« plus grandes princesses, à parler même selon
« le monde. Nous avons formé leur raison et fait
« des discoureuses, présomptueuses, curieuses,
« hardies, etc. C'est ainsi qu'on réussit, quand
« le désir d'exceller nous fait agir. Une éducation
« simple et chrétienne aurait fait de bonnes filles,
« dont nous ferions de bonnes femmes et de
« bonnes religieuses, et nous avons fait de beaux-
« esprits que nous-mêmes, qui les avons formés,
« ne pouvons souffrir. Voilà notre mal, et auquel
« j'ai plus de part que personne ; venons aux re-
« mèdes ; car il ne faut pas nous décourager. J'en
« ai déjà proposé qui vous paraîtront peut-être
« bien petits ; mais j'espère, avec la grâce de Dieu,

« qu'ils ne seront pas sans effet. Comme plusieurs
« petites choses fomentent l'orgueil, plusieurs
« petites choses le détruiront. Nos filles ont été
« trop considérées, trop caressées, trop ména-
« gées, il faut les oublier dans leurs classes.......
« Quant à vous, ma chère fille, je connais vos
« intentions ; vous n'avez, ce me semble, nul tort
« particulier en tout ceci ; il n'est que trop vrai
« que le plus grand mal vient de moi ; mais pre-
« nez garde aussi bien que les autres à n'avoir pas
« votre part dans cet orgueil si bien établi par-
« tout, qu'on ne le sent presque plus. Nous avons
« voulu éviter les petitesses de certains couvents,
« et Dieu nous punit de cette hauteur. Il n'y a
« point de maison au monde qui ait plus besoin
« d'humilité extérieure et intérieure que la nôtre ;
« sa situation si près de la cour, sa grandeur, sa
« richesse, sa noblesse, l'air de faveur qu'on y

« respire, les caresses d'un grand roi, les soins
« d'une personne en crédit, l'exemple de vanité
« et de toutes les manières du monde qu'elle vous
« donne malgré elle, par la force de l'habitude :
« tous ces piéges si dangereux nous devraient faire
« prendre des mesures toutes contraires à celles
« que nous avons prises*. »

Elle n'épargna donc rien pour réussir dans cette vue, et elle prescrivit pendant quelque temps tous les moyens d'abaisser l'orgueil des demoiselles et de réprimer leur imagination ; au point que l'une des maîtresses lui rendant compte un jour, lui dit : « Rassurez-vous, Madame, les « *jaunes* n'ont pas le sens commun. » Au bout de quelque temps, Saint-Cyr fut rétabli sur le pied où elle le voulait.

* *Lettre à madame de Fontaines, maîtresse générale des classes,* septembre 1691.

Madame de Maintenon, toujours occupée de l'avenir de l'établissement, se demandait souvent si cet avenir ne serait pas plus assuré en liant la communauté par des vœux solennels et absolus, au lieu des vœux simples auxquels on s'était borné jusque-là. Ces vœux simples laissaient une porte ouverte à l'inconstance de l'esprit, qui, sous prétexte même d'une plus grande perfection, d'une vie plus austère et plus contemplative, pourrait faire sortir de l'établissement des sujets utiles, et quelquefois les meilleurs, ou obligerait, pour les retenir, à des concessions et à des ménagements toujours préjudiciables à l'esprit d'une communauté. Les vœux solennels seraient d'ailleurs une barrière de plus contre le monde, un moyen plus assuré de régularité et de perfection, et, liant l'établissement à un ordre reconnu dans l'Église, lui donneraient une existence plus stable et plus indépendante, si jamais on avait la pensée de le détruire.

Elle y réfléchit longtemps, consulta les personnes les plus éclairées, et, de l'avis de l'évêque de Chartres, prit la résolution de les établir. Elle eut quelque peine à vaincre le roi là-dessus ; il n'aimait ni l'habit ni les usages de couvent. « Ce n'était pas, disait-il, des religieuses qu'il avait voulu faire, » et il lui semblait qu'on trouverait dans cette résolution nouvelle, l'inconstance de gens qui ne savent ce qu'ils veulent. Enfin il se rendit aux raisons qu'on lui donna ; car il se rendait facilement à la raison. Mais il ne voulut pas entendre parler de l'habit ; il fut décidé que les dames conserveraient le leur. On allongea seulement les manches, on simplifia la coiffure, et on raccourcit la queue du manteau.

Ce ne fut que longtemps après, en 1708, qu'il

finit par consentir à l'habit religieux. Voici comment la chose se passa : madame de Maintenon conservait toujours le désir de le voir adopter ; elle pensait qu'après tout il fallait avoir l'habit de sa profession ; qu'un habit qui n'a rien de séculier, et est tout à fait hors des usages du monde, en tient encore plus séparé, et inspire par lui-même une gravité, une simplicité et un esprit de recueillement qui écarte tout air hautain ou évaporé ; que cet habit enfin attesterait l'état de religieuses pour les dames de Saint-Louis, que quelques personnes dans le monde, s'arrêtant à l'extérieur, leur contestaient ; et que cela servirait encore à la consolidation de l'établissement. Mais elle n'en parlait point par déférence pour le roi, et pour ne pas le chagriner sur une chose qui n'était point essentielle et que le pape avait autorisée. Cependant, un jour qu'elle s'entretenait avec lui de la prospérité de l'établissement, elle ajouta qu'il n'y avait plus rien à désirer pour sa perfection, que de lui voir l'habit religieux. « Quoi donc? reprit le roi; est-ce qu'on pense encore à cela? — Il faudra bien qu'elles le prennent quelque jour, dit madame de Maintenon : pourquoi auraient-elles cette singularité dans l'Église, de ne point l'avoir? Elles en sont si persuadées, qu'elles m'ont priée de leur en faire un modèle. Elles ont pensé que je le composerais de meilleur goût que ceux qui voudraient plus tard s'en mêler. » Le roi dit : « Elles le prendront donc après ma mort; je n'aime point qu'elles soient tentées de la désirer, et puisqu'il en est ainsi, j'aime mieux qu'elles le prennent dès à présent. Quelle sorte d'habit leur donnerez-vous? — Je ne leur donnerai celui d'aucun ordre, et j'en ai imaginé un qui leur conviendra, j'en suis sûre. » Le roi dit alors d'un air de compassion : « Leur ôterez-vous leur grand manteau, leur croix d'or et leurs gants? — Non, reprit madame de Maintenon, il y a bien des religieuses qui en portent. — Je voudrais voir le modèle que vous ferez faire. »

Plusieurs semaines se passèrent, et de temps en temps le roi lui disait : « Faites-moi donc voir votre modèle d'habit ; » mais madame de Maintenon ne se pressait point. Enfin, elle en fit habiller une poupée qu'elle fit porter à Marly; et le roi, étant seul dans sa chambre, lui dit : « Quand sera-ce que vous me ferez voir l'habit que vous destinez aux dames de Saint-Louis ? » Madame de Maintenon lui répondit : « J'en ai fait habiller une poupée qui est sur ma table, dans une caisse ; si vous voulez la voir. » Il la tira lui-même de la boîte, et la considéra avec attention. La poupée n'avait point de gants; il voulut qu'on lui en mît de noirs bronzés, pour que les religieuses en eussent de même. Il ne goûta pas non plus d'abord le scapulaire, mais cependant il se rendit, et, son consentement étant obtenu, la poupée fut portée à Saint-Cyr, où elle fut conservée dans le vestiaire, comme modèle de l'habillement, que les religieuses reçurent, en cérémonie, de la main de l'évêque de Chartres et de celle de madame de Maintenon'.

Pour en revenir aux vœux solennels, chaque dame fut consultée en particulier : la plupart adhérèrent, et se soumirent à l'épreuve d'un nouveau noviciat qui fut jugé nécessaire. On fit venir, pour le diriger, la mère Priolo, qui avait une grande réputation de vertu et de piété, et qui était

' Mémorial de Saint-Cyr.

supérieure des religieuses de la Visitation, toutes remplies de l'esprit de saint François de Sales, leur fondateur, et établies à Chaillot, où s'étaient retirés le roi et la reine d'Angleterre. Cette circonstance fut pour madame de Maintenon l'occasion d'un surcroît d'occupations : tout Saint-Cyr pesa sur elle. Elle fit, pendant le temps de ce noviciat, toutes les fonctions de supérieure, et elle avait chargé mademoiselle Balbien de la conduite du matériel. « Nanon et moi, écrit-elle à ma-
« dame de Brinon, gouvernons la maison. » On avait fait venir des filles de la communauté du père Barré, dont on avait déjà employé quelques-unes comme suppléantes dans les classes, car le nombre des dames, dans les commencements surtout, ne suffit pas. Elles remplacèrent auprès des demoiselles les religieuses, qui, après une année de noviciat, prononcèrent solennellement

leurs vœux le 11 décembre 1693, sous la règle de Saint-Augustin.

Ce fut dans la communauté une grande cérémonie. M. l'abbé Thiberge prononça le discours. Il y développa les avantages que l'État et l'Église devaient retirer de ce nouvel ordre consacré à l'éducation de la jeunesse; et en rappelant l'origine de ce saint ouvrage, qui n'avait d'abord été qu'une troupe de pauvres enfants ramassés au hasard dans la campagne : « Ne l'oubliez jamais, dit-il ;
« car pour conserver en vous une humilité pro-
« fonde, Dieu a voulu que vous ayez été formées
« pour ainsi dire dans la poussière, et que vous
« soyez nées dans la crèche et dans l'étable. » Puis il ajouta : « Mais par quelles mains en avez-vous
« été tirées? Ici la parole du prophète s'est ac-
« complie: *Erunt reges nutritii tui, et reginæ nu-*
« *trices tuæ;* les rois mêmes seront chargés, par

« un ordre secret de la Providence, de vous nour-
« rir; et les personnes les plus élevées, de prendre
« soin de tout ce qui regardera votre éducation.
« Vous savez avec combien d'exactitude cet ordre
« du Ciel a été suivi; que de soins depuis un cer-
« tain nombre d'années, que d'assiduités, que de
« saintes inquiétudes, quel prodigieux détail des
« besoins généraux et des besoins particuliers!
« Disons tout en un mot; la vie entière s'y con-
« sume, pendant qu'on pourrait goûter, je ne dis
« pas les plaisirs et les délices de la cour, chose
« peu convenable à une âme vraiment chrétienne,
« mais au moins les autres avantages qui se trou-
« vent inséparablement attachés à la plus haute
« et à la plus solide faveur; on se prive de tout,
« on s'éclipse, on se dérobe aux yeux d'une cour
« étonnée; on en sort avec l'aurore, et on n'y
« rentre qu'après que le soleil a fini sa course.

« Rendez, ô mon Dieu! selon vos promesses in-
« faillibles, tout ce que l'on quitte pour vous*. »

Il y eut peu de chose à changer aux constitutions, que MM. Thiberge et Brisacier avaient revues peu de temps auparavant, sous la direction de l'évêque de Chartres, et avec l'assistance de M. Joly, supérieur des Missions de Saint-Lazare, choisi par madame de Maintenon, pour supérieur de Saint-Cyr, en remplacement de l'abbé Gobelin, qui était mort peu auparavant (1691). L'esprit de sagesse et de prévoyance qui présidait aux destinées de l'établissement ne voulut pas laisser à des prêtres séculiers la direction spirituelle de cette maison. On craignit que, par la suite, ce ne devînt une place qui fût briguée et accordée plus à la faveur qu'au mérite, et on décida que cette

* Sermon manuscrit de M. l'abbé Thiberge. — Manuscrits de Saint-Cyr.

direction serait confiée aux prêtres de la congrégation de la Mission, sous la juridiction de l'ordinaire [42].

Après les vœux prononcés, le roi fit une visite à Saint-Cyr. « En 1694, dit *le Mémorial*, la mère
« Priolo, qui s'était démise de la supériorité, de-
« meura encore quelques mois dans la maison pour
« aider de ses conseils notre mère de Fontaines, qui
« fut nommée supérieure, et étant sur le point de
« retourner à Chaillot, le roi lui fit l'honneur
« de venir ici exprès pour la remercier des ser-
« vices qu'elle avait rendus. Madame de Maintenon
« amena Sa Majesté dans la communauté où nous
« étions toutes assemblées, et après nous avoir sa-
« luées, et nous avoir fait asseoir comme à l'ordi-
« naire, Sa Majesté témoigna à la mère Priolo et
« aux autres mères sa satisfaction dans les termes
« les plus obligeants et les plus honorables. Il lui

« parla de sa famille, et se tournant vers le maré-
« chal de Noailles, qui l'accompagnait : Noailles que
« voilà est tout Priolo, dit-il, il m'a longtemps en-
« tretenu de M. votre père comme d'un homme de
« beaucoup d'esprit, et de son histoire en latin, que
« je n'entends point, dit le roi ; car je suis un igno-
« rant et je n'ai pas reçu une si bonne éducation
« que celle que je fais donner à Saint-Cyr, ajouta-t-il
« en se tournant vers la mère Claire-Angélique de
« Beauvais, religieuse de Chaillot, qui avait accom-
« pagné sa supérieure, et qui avait été attachée au-
« trefois à la reine Anne d'Autriche. On peut dire
« d'elle, ajouta Sa Majesté, que sa vocation a été
« bonne; car loin d'être forcée à être religieuse, la
« reine ma mère l'en a empêchée longtemps. Il faut
« avouer, Madame, ajouta-t-il encore en regardant
« madame de Maintenon, qu'il sort quelquefois de
« bons sujets de cette cour que vous méprisez tant.

« Il dit à notre mère de Fontaines qu'il jugeait de
« sa capacité et de son mérite par le choix que M. l'é-
« vêque de Chartres, madame de Maintenon et les
« mères de Chaillot venaient de faire d'elle, et qu'il
« ne doutait pas qu'elle ne soutînt dignement l'es-
« time que des personnes si éclairées faisaient de sa
« vertu et de sa régularité. Je vous recommande,
« ajouta-t-il, la fermeté à faire observer tout ce qui
« vient d'être établi, et d'accompagner cette fermeté
« d'une grande douceur. J'espère que ces dames fe-
« ront toujours connaître, par leur soumission et
« leur obéissance, que c'est de bon cœur et avec une
« pleine liberté qu'elles se sont consacrées à Dieu, et
« qu'elles ne se contenteront pas d'être seulement de
« profession, mais qu'elles seront de cœur de très-
« parfaites religieuses; car il faut que chacun s'ef-
« force d'arriver à la perfection de son état. Dans
« cette même conversation, le roi nous recom-

« manda expressément de prendre bien garde au
« choix des sujets que nous admettrions parmi nous,
« et répéta plusieurs fois : Il ne faut qu'un seul mau-
« vais esprit pour gâter tout le bien qu'on a établi
« ici. N'ayez jamais de complaisance en cet article.
« Un mauvais esprit me fait peur partout, et surtout
« en cette maison, où il ne manquerait pas de mettre
« le trouble. Madame de Maintenon prit la parole
« et fit nos honneurs communs en des termes et avec
« des manières que nous ne pouvons exprimer. Le
« roi s'étendit ensuite de nouveau sur l'intérêt qu'il
« prenait à l'établissement ; sur la nécessité pour les
« dames de s'affermir de plus en plus dans la vertu
« pour pouvoir remplir, dans l'éducation des demoi-
« selles, les intentions qu'il s'était proposées. Ces
« intentions, dit-il, ont été droites. Je n'ai envi-
« sagé dans cette fondation que la gloire de Dieu,
« l'utilité du royaume et le soulagement de la

« noblesse. Je vous conjure de vouloir bien
« les seconder. Il lui arriva même de dire :
« Je serais heureux si je pouvais, par ce
« moyen, rendre à Dieu autant d'âmes que je
« lui en ai ravi par mon mauvais exemple [1]. »

Ce fut vers le même temps que le pape Alexandre VIII, envoyant la barrette à M le cardinal de Janson, chargea son légat de remettre à madame de Maintenon un bref conçu dans ces termes :

« A notre très-chère fille en Jésus-Christ, la no-
« ble dame madame de Maintenon.

« Chère fille en Jésus-Christ, noble dame, vos
« vertus insignes et vos recommandables préroga-
« tives nous sont si connues, qu'elles nous enga-
« gent à vous donner des marques toutes particu-
« lières de notre affection paternelle. Notre très-

[1] Mémorial de Saint-Cyr.

« cher fils, François Trévisani, notre camérier,
« vous en rendra un excellent témoignage, en por-
« tant la barrette que nous envoyons à notre très-
« cher fils Toussaint de Forbin. Les effets le feront
« encore plus évidemment connaître dans les oc-
« casions qui se pourront présenter. Nous vous
« prions aussi de vouloir bien donner toute l'as-
« sistance et toute la protection possibles, dans une
« cour où toutes les belles qualités que vous possé-
« dez vous ont acquis avec justice une faveur ap-
« prouvée de tout le monde, à notre susdit fils,
« qui, par un mérite égal à la naissance, et sur-
« tout par la commission que nous lui donnons,
« est digne d'une distinction particulière. Nous
« vous prions aussi, avec un zèle également fort,
« de faire valoir, toutes les fois que l'occasion
« s'en présentera, l'affection filiale que vous avez
« pour le Saint-Siége, et d'en défendre tous les jus-

« les intérêts; et, sur cette espérance, nous prions
« Dieu qu'il vous comble de ses grâces, et nous vous
« donnons, très-noble dame, notre bénédiction.

« Donné à Rome, etc. »

Madame de Maintenon garda le silence sur cette marque de considération qui témoignait de la singulière estime du Souverain Pontife pour elle, et un peu aussi de la place qu'elle occupait auprès du roi; mais la daterie de Rome en ayant divulgué une copie, la chose fut connue dans le monde, et y fit une assez grande sensation [43].

Tout n'était pas consolation pour madame de Maintenon à Saint-Cyr; elle y avait déjà rencontré bien des difficultés et des peines inséparables de la fondation et de la conduite d'un pareil établissement. Vers cette époque, il se préparait pour elle un nouveau souci qui devint bientôt un véritable chagrin. Le quiétisme, qui sera plus tard l'objet d'un chapitre particulier, s'introduisit furtivement à Saint-Cyr et s'y développa dans l'ombre. Aucune erreur, en effet, ne semble plus propre à séduire une communauté de religieuses, et à agir sur des âmes pieuses et contemplatives, que cet amour pur et désintéressé, ce détachement de soi-même, et ce parfait repos en Dieu que le quiétisme enseigne, et qui paraît n'être qu'une perfection plus éminente, un raffinement de l'amour divin, dont on ne voit pas d'abord toutes les conséquences.

Madame Guyon, la grande propagatrice en France de cette erreur qui y fit tant de bruit par les personnages célèbres qu'elle mit en scène, sema elle-même à Saint-Cyr les germes de sa doctrine[44].

Lorsqu'elle fut arrêtée pour la première fois, en arrivant à Paris avec le père Lacombe, madame de Maintenon, sans la connaître, s'était intéressée à son sort, à la sollicitation des personnes les plus recommandables. Aussitôt que madame Guyon fut mise en liberté, son premier soin avait été de témoigner à madame de Maintenon toute sa reconnaissance, et elle lui fut présentée par la duchesse de Béthune, une de ses grandes protectrices, qui l'introduisit en même temps dans la société de M. et madame de Beauvillier.

Les duchesses de Beauvillier, de Chevreuse et de Mortemart, toutes trois filles de M. de Colbert, formaient, avec leurs maris et quelques âmes pieuses et pures, comme un petit groupe à part, qui vivait retiré au milieu de la cour, et s'était soigneusement tenu à l'écart tant qu'avaient duré la faveur de madame de Montespan et l'éclat des passions du roi. Nous avons dit que madame de Maintenon avait fait de ce cercle étroit sa société habituelle et intime. « Elle dînait de règle, dit Saint-

« Simon, une et quelquefois deux fois la semaine
« à l'hôtel de Beauvillier ou de Chevreuse, entre
« les deux sœurs et les deux maris, avec la clo-
« chette sur la table, pour n'avoir point de valets
« autour d'eux et causer sans contrainte. » Fénelon, devenu précepteur de M. le duc de Bourgogne, dont M. le duc de Beauvillier était gouverneur, avait été bientôt admis dans ce sanctuaire,
et ne tarda pas à y devenir maître des esprits et
des cœurs, et le directeur des consciences.

Le charme de son caractère, joint à la piété la plus
douce et la plus élevée, ne tardèrent pas non plus à séduire madame de Maintenon, qui s'attacha vivement
à lui, lui donna toute sa confiance, et prenait
souvent ses avis pour sa propre direction et sa conduite : elle l'introduisit à Saint-Cyr, le consulta
plusieurs fois dans le gouvernement de cette maison, lui fit faire des instructions aux demoiselles

et aux religieuses, et lorsqu'il fut nommé archevêque de Cambrai, elle voulut que ce fût à Saint-Cyr qu'il fût sacré, où il le fut en effet par les mains de Bossuet, en présence des petits-fils de Louis XIV. Ce fut donc à l'hôtel de Beauvillier que Fénelon rencontra madame Guyon. Un goût commun de spiritualité et de mysticisme les rapprocha bientôt. « Leur esprit se plut l'un à l'autre, dit Saint-« Simon, et leur sublime s'amalgama. » On verra plus tard quelles en furent les conséquences. Ce fut aussi à l'hôtel de Beauvillier que madame de Maintenon vit assez souvent madame Guyon.

Les entretiens s'y étaient changés peu à peu en des conférences pieuses, où madame Guyon exposait sa doctrine sous les formes les plus élevées et les plus propres à la faire goûter par des âmes tendres et pures. Tout concourait alors à exciter l'enthousiasme pour elle ; l'empire de sa parole, le spiritualisme raffiné de sa doctrine, le penchant qu'ont souvent les âmes pieuses à suivre des voies nouvelles dans la dévotion et à sortir des routes battues, puis sa grande vertu, sa modestie, le mystère même, rien enfin ne lui manquait, pas même le relief de la persécution et de la calomnie. Madame de Maintenon, qui assista à quelques-unes de ces conférences, en fut édifiée, et eut la pensée de faire jouir Saint-Cyr des instructions de cette personne, qui avait le don d'inspirer le désir de la perfection à tous ceux qui l'entendaient. Ce n'est pas qu'elle eût un goût personnel très-prononcé pour elle et pour sa doctrine, car elle écrivait à madame de Saint-Géran : « J'ai eu pendant deux « mois une Explication du *Cantique des Cantiques*[.] « Il y a des endroits obscurs ; il y en a d'édifiants ;

Ouvrage de madame Guyon.

« il y en a que je n'approuve en aucune manière.
« L'abbé de Fénelon m'avait dit que le *Moyen court**
« contenait les mystères de la plus sublime dévo-
« tion, à quelques petites expressions près, qui se
« trouvent dans les écrits des mystiques. J'en lus
« un morceau au roi, qui me dit que c'étaient des
« rêveries. Il n'est pas encore assez avancé pour
« goûter cette perfection. »

La faveur qu'elle accordait à madame Guyon était plutôt l'effet de son estime pour ses amies, et surtout de la grande confiance qu'elle avait en Fénelon.

Une autre circonstance favorisa encore l'entrée de madame Guyon à Saint-Cyr. Elle y avait une parente, madame de la Maisonfort, jeune dame de Saint-Louis, du caractère le plus aimable, d'un esprit vif et subtil, d'une imagination facilement

---

* Autre ouvrage de madame Guyon.

exaltée, et qui eut le singulier honneur de soutenir plus tard avec Bossuet une polémique écrite sur le quiétisme. Madame de Maintenon avait pour elle une affection toute particulière, et fondait sur son mérite et sur sa vertu de grandes espérances pour l'avenir de la maison. Toutes les fois que madame Guyon allait et venait de Versailles au château de Beynes, qui appartenait à madame de Béthune, elle s'arrêtait à Saint-Cyr pour voir sa parente. Celle-ci sollicita vivement madame de Maintenon de faire jouir toute la communauté des exhortations d'une si sainte personne. Madame de Maintenon, qui y était déjà disposée, y consentit, et madame Guyon fut introduite à Saint-Cyr. Elle y fit son entrée, précédée de toute la célébrité et de toute la considération qu'elle avait obtenues à Versailles. On entra en communication avec elle, on lut avec avidité ses livres et ses manuscrits, qu'on se passa de l'une à l'autre. Elle charma par son esprit et ses discours, qui semblaient ne tendre qu'à ce qu'il y a de plus parfait. Mais ce ne fut d'abord qu'un mystère renfermé entre cinq ou six dames ; car, selon madame Guyon, il n'y avait que des âmes choisies qui fussent capables d'entendre la vraie manière de s'unir à Dieu comme elle l'enseignait.

Ce qui contribua le plus à répandre la nouvelle doctrine, ce fut un confesseur qui avait connu madame Guyon autrefois, et qui, sans que personne le sût, était grand partisan de ses méthodes d'oraison. Ce confesseur, que madame Guyon recommandait, eut bientôt la confiance de presque toutes les dames et d'une partie des demoiselles ; de telle sorte que, peu à peu, toute la maison devint quiétiste sans s'en douter. On ne parlait plus que de pur amour, de sainte indifférence, d'entier abandon, après lequel on n'avait plus besoin de se mettre en peine de rien, pas même de son salut. Ce pieux jargon était devenu la façon de parler, même des *rouges*, c'est-à-dire des plus jeunes, et il s'étendait jusqu'aux sœurs converses, qui laissaient là leur ouvrage pour entrer en inspiration et attendre l'esprit.

On s'aperçut bientôt de ce désordre, d'autant que les plus avancées dans cette prétendue perfection devinrent froides et méprisantes pour celles qui ne s'élevaient pas à leur hauteur, et très-indépendantes de leurs supérieurs, qui ne leur paraissaient rien entendre à la conduite des âmes, préférant, disaient-elles, l'abandon aux seules opérations du Saint-Esprit, qui souvent se révélait plus à de simples enfants dans l'oraison, qu'aux plus grands docteurs.

Le noviciat surtout fut entraîné tout entier

dans les voies de cette mysticité nouvelle, par la sœur du Tour, sous-maîtresse des novices, qui était une des plus ardentes quiétistes de la maison. Les novices se retiraient avec elle dans des greniers pour y lire en secret les livres de madame Guyon, lorsqu'on commença à les proscrire, et pour attendre la grâce et se la communiquer ensuite l'une à l'autre. Mais le règne de madame Guyon touchait à son terme ; elle n'avait plus que quelques moments à jouir de ce triomphe au milieu de ce qu'il y avait de plus élevé et de plus puissant, et de ce doux empire sur les âmes de tant de personnes choisies. Elle allait disparaître bientôt pour faire place à des acteurs bien autrement importants qu'elle, et à des luttes célèbres qu'elle fit naître et qui la firent oublier. Ce fut l'évêque de Chartres, Godet Desmarets, homme simple, ferme, désintéressé, d'un extérieur sec et austère.

voyant peu le monde, mais plein de vertu, savant et profond théologien, et attaché, avant tout, à la saine doctrine, qui, le premier, donna l'éveil. Soit que madame de Maintenon, dont il était le directeur, l'ait consulté, soit qu'il ait cru devoir agir de lui-même, il s'alarma, surveilla davantage, examina de près la doctrine tant vantée, et, quand il crut qu'il était temps, il éclata. Il parla avec franchise et fermeté à madame de Maintenon, et en qualité de son directeur, et en qualité d'évêque de Saint-Cyr, placé dans son diocèse. Madame de Maintenon fut étrangement surprise de tout ce qu'elle apprit de la nouvelle école; elle entra en peine, puis en grand scrupule. Madame Guyon fut renvoyée, ses livres défendus, le confesseur éloigné; les écrits mêmes de l'archevêque de Cambrai furent retirés, et l'on crut, au bout de quelque temps, avoir calmé les têtes et étouffé cet incendie.

L'erreur cependant continua à se propager sourdement, et celles qui étaient le plus prévenues dissimulèrent, mais n'y renoncèrent pas. Et lorsque éclata l'affaire du livre des *Maximes des Saints*, lorsque surtout madame Guyon fut de nouveau emprisonnée, elles s'excitèrent à demeurer fermes dans leurs opinions, et s'exaltèrent à l'idée d'avoir part à la persécution qui s'approchait.

Ce fut un long sujet de peine pour madame de Maintenon; car cette disposition des esprits dura longtemps. Saint-Cyr allait-il faire le pendant de Port-Royal, et devenir la citadelle des quiétistes, comme le premier avait été celle des jansénistes? Elle sentait d'ailleurs que les effets de cette mauvaise doctrine étaient plus dangereux pour la communauté de Saint-Cyr que pour toute autre, puisque de là elle pouvait se répandre dans le monde, dans les familles et dans d'autres communautés. Elle se reprochait de l'y avoir introduite, et elle ne négligea aucun moyen pour l'y effacer, ni instructions adressées à la communauté entière, ni conversations particulières avec les religieuses. Bossuet vint lui-même, à sa prière, faire plusieurs conférences sur les caractères de la véritable spiritualité. Il fit la première, le 5 février 1696, sur le faux dogme de l'indifférence pour le salut, et la deuxième, le 7 mars suivant, sur les règles et la nature de l'oraison passive. Après les conférences, il écoutait les difficultés particulières des religieuses, et les résolvait avec bonté. Madame de la Maisonfort en fut ébranlée, mais elle était rejetée dans ses doutes par les explications que d'un autre côté elle demandait à Fénelon. C'est alors qu'elle proposa de mettre par écrit ses difficultés auxquelles Bossuet accola ses réponses. Cependant elle conservait toujours une admiration tendre pour Fénelon, qui avait été son directeur, et dont l'âme douce et sublime exerçait un empire absolu sur la sienne, et lorsque l'évêque de Chartres fit enlever de la maison tous les écrits suspects, elle demanda qu'on lui laissât au moins ceux de l'archevêque de Cambrai. C'est à ce sujet que madame de Maintenon lui adressa, de Marly où elle était, cette longue lettre :

« M. de Chartres, ma fille, vous a dit tout ce qui
« l'engage à purger notre maison des écrits de
« madame Guyon, que trois évêques ont con-
« damnée. Vous savez qu'ils ont fait peu de bien
« et beaucoup de mal. Soumettez-vous donc vite, et
« comme chrétienne à votre évêque, et comme
« religieuse à votre supérieure. Quant aux écrits
« de M. l'archevêque de Cambrai, pourquoi faut-
« il que vous les gardiez ? Et croyez-vous soutenir

« cette singularité? Vous savez que nous les avons
« montrés malgré lui, et ce que votre imprudence
« et la mienne ont fait là-dessus. Il nous a dit, il
« nous a écrit plusieurs fois que ces écrits n'étaient
« point propres à toutes sortes de personnes, et
« qu'ils pouvaient même être très-dangereux; qu'il
« les avait faits pour chaque particulière à qui il
« répondait, et sans y apporter aucune précaution.
« Vous êtes convenue qu'ils ont fait du mal, parce
« qu'on ne les entendait pas, ou qu'on les prenait
« par parties sans examiner le tout ensemble, ou
« qu'on les appliquait mal, en les détournant du
« sens de l'auteur. Je suis assurée qu'il voudrait
« de tout son cœur qu'ils ne fussent pas chez nous.
« Pourquoi donc, ma fille, voulez-vous les y rete-
« nir?... Je vous prie, ma chère fille, de vous sou-
« venir que vous êtes chrétienne et religieuse.
« Votre vie doit être cachée, mortifiée, pure, et

« privée de tous les plaisirs. Vous ne vous repen-
« tez pas du parti que vous avez choisi ; prenez-le
« donc avec ses austérités et ses sûretés. Vous
« auriez eu plus de plaisirs dans le monde, et,
« selon les apparences, vous vous y seriez perdue.
« Ou Racine, en vous parlant du jansénisme, vous
« y aurait entraînée, ou M. de Cambrai aurait
« contenté ou même renchéri sur votre délica-
« tesse, et vous seriez quiétiste. Jouissez donc du
« bonheur de la sûreté. Pourquoi Dieu vous a-t-il
« donné tant d'esprit et tant de raison ? Croyez-
« vous que ce soit pour discourir, pour lire des
« choses agréables, pour juger des ouvrages de
« prose et de vers, pour comparer les gens de mé-
« rite et les auteurs? Ces desseins ne peuvent être
« de lui. Il vous en a donné pour servir à un grand
« ouvrage établi pour sa gloire. Tournez vos idées
« de ce côté-là ; elles sont aussi solides que les autres

« sont frivoles. Il faut que votre esprit devienne
« aussi simple que votre cœur. Que voudriez-vous
« apprendre, ma chère fille? Je vous réponds, sur
« beaucoup d'expérience, qu'après avoir beaucoup
« lu, vous verriez que vous ne sauriez rien. Votre
« religion doit être tout votre savoir. Votre temps
« n'est plus à vous. Dieu vous a donné toute la
« raison que la lecture pourrait avoir donnée à
« une autre. Je le remercie de ce que vous aimez
« l'oraison et l'office. Je ne vous y vois point sans
« regretter de n'être pas religieuse..... » Elle lui
écrivit encore plus tard : « Vous avez un reste
« d'orgueil que vous vous déguisez à vous-même
« sous le goût de l'esprit. Vous n'en devez plus
« avoir, mais vous devez encore moins chercher
« à le satisfaire avec un confesseur. Le plus
« simple est le meilleur pour vous, et vous
« devez vous y soumettre en enfant. Comment

« surmonterez-vous les croix que Dieu vous
« enverra dans le cours de votre vie, si un
« accent normand ou picard vous arrête, ou si
« vous vous dégoûtez d'un homme parce qu'il
« n'est pas aussi sublime que Racine? Il vous
« aurait édifiée, le pauvre homme, si vous aviez
« vu son humilité dans sa maladie, et son repentir
« sur cette recherche de l'esprit. Il ne demanda
« point, dans ce temps-là, un directeur à la mode;
« il ne vit qu'un bon prêtre de sa paroisse. Vous
« n'avez encore guère vécu, et vous avez pourtant
« à renoncer à la tendresse de votre cœur, et à la
« délicatesse de votre esprit. Allez à Dieu, ma
« chère fille, et tout vous sera donné. Adressez-
« vous à moi tant que vous voudrez. Je voudrais
« bien vous mener à lui. Je contribuerais à sa
« gloire; je ferais le bonheur d'une personne que
« j'ai toujours aimée particulièrement, et je ren-

« drais un grand service à un institut qui ne m'est
« pas indifférent. »

C'est encore à madame de la Maisonfort qu'elle écrivait ces belles et remarquables paroles : « Il ne
« vous est pas mauvais de vous trouver dans des
« troubles d'esprit. Vous en serez plus humble, et
« vous sentirez par votre expérience que nous ne
« trouvons nulle ressource en nous, quelque esprit
« que nous ayons.... Salomon vous a dit, il y a
« longtemps, qu'après avoir cherché, trouvé et
« goûté de tous les plaisirs, il confessait que tout
« n'est que vanité et affliction d'esprit, hormis
« aimer Dieu et le servir. Que ne puis-je vous don-
« ner mon expérience! Que ne puis-je vous faire voir
« l'ennui qui dévore les grands, et la peine qu'ils
« ont à remplir leurs journées! Ne voyez-vous pas
« que je meurs de tristesse dans une fortune qu'on
« aurait eu peine à imaginer, et qu'il n'y a que le

« secours de Dieu qui m'empêche d'y succomber?
« J'ai été jeune et jolie; j'ai goûté des plaisirs; j'ai
« été aimée partout; dans un âge un peu plus
« avancé, j'ai passé des années dans le commerce
« de l'esprit; je suis venue à la faveur, et je vous
« proteste, ma chère fille, que tous les états lais-
« sent un vide affreux, une inquiétude, une las-
« situde, une envie de connaître autre chose, parce
« qu'en tout cela rien ne satisfait entièrement. On
« n'est en repos que lorsqu'on s'est donné à Dieu,
« mais avec cette volonté déterminée dont je vous
« parle quelquefois. Alors on sent qu'il n'y a plus
« rien à chercher, et qu'on est arrivé à ce qui seul
« est bon sur la terre. On a des chagrins; mais on
« a aussi une solide consolation, et la paix au
« fond du cœur au milieu des plus grandes
« peines. »

Lorsque le roi, à qui madame de Maintenon

avait caché le plus longtemps qu'elle avait pu le dissentiment qui s'était élevé entre les deux plus grands évêques de son royaume, eut tout appris par l'éclat du livre des *Maximes des Saints*, il montra un grand mécontentement du secret qu'on lui avait fait, et voulut savoir ce qui s'était passé à Saint-Cyr. Il fallut lui tout dire. Il ordonna aussitôt qu'on éloignât sans délai celles des dames qui conservaient encore de l'attachement aux erreurs inspirées par les livres de madame Guyon, et madame du Tour, madame de la Maisonfort et madame de Montaigle, reçurent ordre, par lettres de cachet, de se rendre dans d'autres couvents, où elles furent placées, chacune avec une pension. Le roi même, dans la crainte qu'après lui ou après madame de Maintenon, on ne se laissât aller un jour à les rappeler, écrivit une lettre de Compiègne à la communauté (5 septembre 1698), où il défendit, par son autorité de roi et de fondateur, que ces dames rentrassent jamais dans la maison, sous quelque prétexte que ce fût[45]; et dans une visite qu'il fit peu après, il renouvela de vive voix cette défense, tant il était vif sur cette affaire du quiétisme, et tant il attachait de prix à préserver Saint-Cyr de tout esprit de nouveauté. Enfin peu à peu tout ce bruit s'apaisa, les esprits se calmèrent, et Saint-Cyr retrouva sa paix et sa sécurité.

Ce fut à Saint-Cyr que madame de Maintenon se retira après la mort du roi, et c'est là qu'elle finit sa vie[46] au milieu du bien qu'elle avait fait, après y avoir vécu quatre ans encore avec dignité et simplicité, dans un entier éloignement du monde, et dans une retraite aussi douce à son cœur que convenable à sa position.

Sa mort fut un grand vide; la communauté perdait en elle sa véritable mère, son soutien, son conseil, sa consolation et sa joie. Cependant la plupart des religieuses qu'elle avait formées existaient, et vécurent longtemps encore. Madame de Glapion, celle qu'elle préférait à toutes, était alors supérieure; mesdames du Pérou, de Fontaines, de Veilhant, de Berval, de Radouay, remplissaient les charges, et restèrent près d'un demi-siècle encore à la tête de la maison, y perpétuant les principes, les traditions, les mœurs pour ainsi dire que madame de Maintenon y avait fondés, de manière que son esprit y vécut jusqu'à la fin. Son souvenir et sa pensée y présidèrent toujours, et le bien qui s'y fit jusqu'au dernier moment peut remonter jusqu'à elle.

La famille royale, d'ailleurs, par vénération pour le souvenir de Louis XIV et même pour le sien, conserva une véritable affection pour cet établissement, qui était comme un annexe du palais, et une dépendance de la cour. Le roi Louis XV, enfant, y fut conduit souvent par madame de Ventadour, sa gouvernante, pleine d'attachement et de respect pour la mémoire de madame de Maintenon. C'est là qu'on le menait pour se confesser. L'infante d'Espagne, venue pour l'épouser, à l'âge de quatre ans, y fut conduite fréquemment, jusqu'au moment où elle fut renvoyée à Madrid. La reine Marie-Leckzinska eut pour Saint-Cyr une prédilection toute particulière, et en donna mille marques. Elle voulut y avoir un appartement, et y venait faire des retraites et des séjours. Elle se fit peindre en religieuse de Saint-Louis. Elle se fit jouer deux fois les tragédies d'*Esther* et d'*Athalie*, dans les classes, et sans costumes, ainsi que l'avait recommandé madame de Maintenon [47]. Elle y fit souvent conduire ses filles, et M. le dauphin; Louis XVI,

Louis XVIII et Charles X y furent menés souvent aussi dans leur enfance, et madame Louise y alla faire de longues et fréquentes retraites avant de prendre le voile [48]. La reine et les jeunes princesses traitaient les religieuses avec une familiarité pleine de grâce, donnaient quelquefois le voile aux novices, visitaient les classes, se faisaient présenter les demoiselles, et se plaisaient à assister à leurs récréations. Les événements heureux arrivés dans la famille royale, les naissances, les mariages, les succès même y étaient célébrés comme des fêtes de famille. Toutefois la maison ne perdait rien de son recueillement et de sa régularité : on peut dire que la famille royale y venait souvent, mais que la cour n'y entrait pas. Madame de Maintenon, qui avait prévu les inconvénients de ce voisinage, avait tout réglé dans le *Cérémonial* pour la réception des princes et princesses, afin qu'elle ne fût pas trop fréquente et n'eût point d'inconvénients. La reine de Pologne, mère de Marie Leckzinska, y habita près de trois ans, mais dans un appartement qui avait ses entrées par le dehors, pendant les tentatives du roi Stanislas pour remonter sur le trône de Pologne.

Cependant ceux qui avaient coopéré à la fondation de Saint-Cyr, et avaient vu ses commencements, disparaissaient de jour en jour; bientôt il n'en resta plus. L'évêque de Chartres, Godet Desmarets, était mort comme un saint, dès avant madame de Maintenon; les abbés Thiberge et Brisacier n'étaient plus; tous ces grands noms du siècle de Louis XIV, qui étaient venus prêter leur appui à cette institution naissante, avaient disparu; les religieuses des premiers temps, restées longtemps comme des lampes allumées pour perpétuer la lumière primitive, s'étaient toutes éteintes peu à peu dans le sanctuaire. L'établissement marchait de lui-même, privé de ces précieux secours, mais avec les avantages d'une existence déjà ancienne.

En 1786, on célébra, avec une grande pompe, l'anniversaire séculaire de la fondation. Une seule religieuse, madame de la Bastide, avait vu Louis XIV et madame de Maintenon, et vivait encore [49]. Il y eut, à cette occasion, huit jours de fête, dont les trois premiers furent consacrés aux prières et aux cérémonies religieuses [50]. Ce qui répandit le plus d'éclat sur ces fêtes, ce fut la présence presque continuelle de madame Élisabeth, qui honorait Saint-Cyr d'une affection toute particulière, et y charmait souvent par sa présence. On peut dire que le souvenir de madame de Maintenon présida, à juste titre, à ces réjouissances; son éloge semblait en être le but principal, ses vertus et ses bienfaits y furent célébrés comme ils devaient l'être, et le succès de son entreprise, confirmé par le temps, et par les bénédictions de Dieu, y grandit encore sa mémoire.

Mais ces fêtes pieuses et brillantes étaient la dernière lueur que devait jeter cette maison, qui avait emprunté tant d'éclat au grand siècle qui lui avait donné naissance. Les ténèbres qui s'étendirent bientôt sur toute la France, et d'où sortirent tant d'orages, l'enveloppèrent, et elle y disparut.

Voici une lettre adressée par le chevalier de Boufflers à la duchesse de Biron, le 20 mars 1791[*].

« J'ai été enlevé à mes occupations et à mes
« projets vendredi dernier, au moment où j'al-
« lais vous expédier ma feuille hebdomadaire, et

---

[*] L'autographe de cette lettre est entre les mains de madame la comtesse Charles de Vivonne

« je laisse à toute votre sagacité à deviner le sujet
« de ma distraction.

« Madame la duchesse d'Orléans est venue me
« prendre pour me mener à Saint-Cyr, que je n'a-
« vais pas vu depuis quarante-sept ans ; je ne vous
« dirai jamais combien je vous ai particulièrement
« regrettée en ce moment, en pensant à l'intérêt
« que le lieu, la chose, les personnes et les circon-
« stances vous auraient inspiré. Jamais aucune
« intention humaine n'a été si exactement et
« si constamment remplie. Jamais une volonté
« n'a été si soigneusement recueillie et si scrupu-
« leusement observée par ceux qui ne l'avaient
« pas conçue, et jamais chose n'a été si longtemps
« semblable à elle-même. Les meubles de ma-
« dame de Maintenon sont encore dans sa cham-
« bre, ses livres dans sa bibliothèque, ses écrits
« dans les archives, et son esprit dans toute la

« maison. Il semble qu'elle vienne de commander
« tout ce qui se fait, que chaque religieuse ait pris
« son ordre, et que chaque pensionnaire marche
« à sa voix. Si elle ressuscitait, elle ne verrait que
« les visages de changés; mais, pour peu qu'elle
« sortît de l'enceinte, et que son vieux cocher et
« ses vieux chevaux fussent aussi ressuscités, qu'ils
« la menassent à Versailles, elle n'y trouverait
« plus Louis XIV, ni rien qui lui ressemble! . .

. . . .

« Revenons à Saint-Cyr. Il est impossible que l'at-
« tendrissement, l'édification et le respect ne s'em-
« parent point de tout ce qui entre dans ce saint
« lieu. Les pensionnaires n'y sont point des pen-
« sionnaires, et les religieuses n'y sont point des
« religieuses; les unes sont des filles bien élevées,
« et les autres sont des femmes raisonnables. Ces
« pauvres enfants ont fait devant nous leurs tou-

« chants exercices, dans un ordre, une décence,
« une régularité qui me faisaient penser à la fois à
« la pureté angélique et à la discipline prussienne.
« Entre autres évolutions, elles ont été à l'église, au
« nombre de deux cent cinquante, distinguées par
« classes, suivant les différents âges. Chaque classe,
« reconnaissable à un ruban de couleur particu-
« lière, était menée par une religieuse, et la reli-
« gieuse paraissait aidée dans ses fonctions par
« une pensionnaire décorée d'un ruban qui attes-
« tait sa bonne conduite.

« La supérieure générale était dans une stalle du
« chœur avec un petit marteau à la main, au bruit
« duquel elle faisait exécuter différents comman-
« dements, tels que s'arrêter, doubler les files, les
« tripler, s'arrêter encore [51], se mettre à genoux,
« se prosterner, se relever, et entonner ensuite
« toutes à la fois un *Domine salvum fac regem*, en

« parties différentes, mais avec des accents si jus-
« tes, si touchants, si pénétrants, que sur-le-
« champ les larmes sont venues à tous les yeux,
« et ceux de mon excellente duchesse en auraient
« été si peu exempts, que je suis sûr qu'en ce mo-
« ment ils ne sont pas absolument secs. Ces pau-
« vres enfants ignorent le sort qui paraît les atten-
« dre! Mais les religieuses le savent très-bien, et
« le leur cachent. On voit la gaieté qui n'ose point
« tout à fait éclater, mais qui se peint toujours sur
« les jeunes visages des unes, et je ne sais quelle
« mélancolie et quelle préoccupation que les autres
« essaient en vain de déguiser à leurs pupilles. Ces
« religieuses ont toutes été élevées dans la maison;
« elles y ont appris tout ce qu'il faut savoir, et le
« monde n'est étranger qu'à leurs cœurs; en sorte
« qu'elles prévoient aussi bien qu'on peut le faire
« dans la société la plus éclairée; et, dans ce mo-

« ment, c'est ce qui redouble leur peine, car un
« homme qu'on mène au supplice est plus mal-
« heureux qu'un mouton qu'on mène à la bou-
« cherie. »

« Quel que soit le destin qui nous est préparé,
« Oh! Dieu, refuse-nous la triste prévoyance,
« Afin que notre cœur, à la crainte livré,
« Puisse aussi dans ses maux s'ouvrir à l'espérance. »

En 1790, Saint-Cyr avait commencé à perdre une grande partie de ses revenus par la suppression des droits et par le non-paiement des rentes. En 1791, on saisit tous ses biens-fonds[52]. On interdit de recevoir des novices, on fit quitter l'habit religieux aux dames, fermer l'église, renvoyer les six prêtres de la Mission. On accumula les visites domiciliaires, les inventaires, les spoliations; les archives furent dispersées, les volumes, qui renfermaient les titres des dames et des de-

moiselles, livrés aux flammes. Mais, au milieu de toutes ces tribulations, de cette désorganisation journalière, et de tant d'inquiétude et de douleur, la même régularité ne cessa pas un instant de présider aux exercices, le même ordre aux classes, la même application aux charges de la part des religieuses. L'usage était de leur lire, une fois par semaine, quelques chapitres des instructions que madame de Maintenon avait écrites pour elles. Au commencement de l'année 1793, on tomba un jour sur ce passage : « Saint-Cyr a été fondé
« par un grand roi, rien n'a été oublié de ce qui
« pouvait assurer sa durée, et cent ans ne seront
« pas écoulés que, peut-être, il ne subsistera plus.
« Si tel était l'ordre de la Providence, il faudrait s'y
« soumettre. » Le livre échappa des mains de madame de la Tremblaye, qui faisait la lecture ; il y avait juste cent ans que les premières dames

avaient prononcé leurs vœux : elles restèrent toutes frappées de ce prophétique avertissement, et raffermies en même temps par cette voix vénérée, qui venait relever leur courage au milieu de si terribles épreuves : il ne s'ébranla dans aucune circonstance. Le 21 janvier, elles étaient toutes au chœur, occupées à chanter les vêpres, lorsqu'on annonça tout bas à la supérieure, alors madame d'Ormenans, que le grand crime venait d'être consommé. Elle ne changea pas de visage, n'interrompit pas l'office, et laissa achever le chant des psaumes; mais, après que le dernier verset fut chanté, elle entonna, sans aucun préambule, le *De profundis*, dont tout le monde comprit le sens, et auquel on répondit par des larmes et des sanglots.

Un décret du 7 août 1792 avait supprimé définitivement Saint-Cyr, ainsi que tous les établissements religieux d'éducation et de charité provisoirement conservés jusqu'alors ; on avait fixé la fin de l'année comme terme à leur existence ; mais il fallut accorder quelques mois de plus à Saint-Cyr, pour donner le temps aux parents des élèves d'être avertis et de venir les reprendre. Mademoiselle Buonaparte fut redemandée des premières par son frère, qui écrivit à la municipalité de Versailles la lettre suivante :

« *A Messieurs les Administrateurs de Versailles.*

« Messieurs,

« Buonaparte, frère et tuteur de la demoiselle
« Marianne Buonaparte, a l'honneur de vous
« exposer que la loi du 7 août, et plus particu-
« lièrement l'article aditionnelle décrété le 16 du
« même mois, supprimant la maison de Saint-

« Louis, il vient réclamer l'exécution de la loi, et
« ramener dans sa famille ladite demoiselle sa
« sœur, des affaires très-instantes et de service
« publique l'obligant à partir de Paris sans dé-
« lai ; il vous prie de vouloir bien ordonner qu'elle
« jouisse du bénéfice de la loi du 16, et que le
« thrésorier du district soit autorisé à lui esconter
« les vingt sols par lieue jusqu'à la municipalité
« d'Ajaccio en Corse, lieu du domicile de ladite
« demoiselle, et ou elle doit se rendre auprès de
« sa mère.

« Le 1er septembre 1792.

« Avec respect, BUONAPARTE[53]. »

On croit entendre déjà le bruit des pas de Napoléon, encore inconnu et pauvre, qui s'avance sur les débris de la monarchie écroulée.

Les dames, obligées de fuir, se réfugièrent où elles purent trouver un asile[54]. Madame de la Bastide vivait toujours; elle fut chassée de cette maison, où elle avait vu Louis XIV, et toucha, pour ainsi dire, à la fondation et à la destruction de l'établissement. Il est rare de voir à ce point, dans une seule vie, comme dit Bossuet, toutes les extrémités des choses humaines, et il n'y a pas de tableau plus frappant de leur fragilité, que ces temps où la face du monde est si complétement changée dans le court espace d'un âge d'homme. Après le départ des religieuses, Saint-Cyr fut à peu près livré au pillage, et la tombe de madame de Maintenon indignement violée. Elle eut cela de commun avec les tombes royales de Saint-Denis; ce jour-là, la fondatrice de Saint-Cyr fut traitée en reine, et c'étaient les seuls honneurs que la Providence réservait à son élévation cachée[55].

FIN.

NOTES.

NOTES.

[1] Près de Gisors, dans le Vexin.

[2] Fille d'un président au parlement de Normandie.

[3] Ruel est à deux lieues de Versailles.

[4] Elle avait établi à Maintenon une communauté de petits garçons semblable à celle des filles bleues de Ruel; mais cette communauté ne dura guère, parce que cette vie sédentaire n'habituait pas assez les enfants à la vie laborieuse à laquelle ils étaient destinés.

[5] Le grand parc contenait 19,345 arpents, clos de

murs, et le développement des murs était de 18,331 toises, ou environ de neuf lieues; cette clôture passait par les points de Château-Fort, de Voisins, de Trapes, de Villepreux, de Saint-Nom et de Noisy. Le petit parc, qui est le parc d'aujourd'hui, renfermait et renferme encore, compris les deux Trianons, 5,083 arpents.

[6] Dans l'origine, les grandes portaient le ruban rouge. C'est le roi qui voulut que la première division portât ses couleurs. Il prétendit d'ailleurs que le rouge irait mieux aux petites.

[7] Ce lit a été retrouvé, il y a peu d'années, à Turin, où il avait été transporté pendant la Révolution; et, lors de la restauration de Versailles, on l'a remonté dans la chambre de Louis XIV, où on le voit aujourd'hui.

[8] Elle fut mariée au sortir de Noisy à un commissaire de l'artillerie, et étant devenue veuve, fut sous-gouvernante des princesses filles de M. le duc d'Orléans, régent. Toutes les fois qu'elle eut quelque affaire où la protection du roi lui était nécessaire, elle s'adressait directement à lui. Il la reçut et la traita toujours particulièrement bien.

⁹ La fondation des Invalides est de 1671.

¹⁰ La reine Marie-Antoinette, peu de temps avant la Révolution, fit en outre ériger en faveur des demoiselles de Saint-Cyr plusieurs chapitres de chanoinesses pour celles qui ne pourraient se marier, et ne voudraient point se faire religieuses.

¹¹ Le nombre total des dames et des sœurs converses fut plus tard porté à quatre-vingts, en exigeant qu'il y eût au moins quarante dames. (*Lettres patentes du 30 septembre* 1692.)

¹² En 1698 la dotation fut encore augmentée de trente mille livres de rente (*Lettres patentes, mars* 1698); et en 1713, du petit domaine de Fontenay (*Lettres patentes, décembre* 1713). Il résulte d'un compte rendu par M. Mauduit, intendant de Saint-Cyr, à M. le duc de Noailles en 1717, que le revenu, à cette époque, était de 250,325 livres; la dépense égalant la recette.

¹³ Le contrat fut passé en forme d'échange entre M. le maréchal de La Feuillade, au nom du roi, et M. de Saint-Brisson.

¹⁴ Celles qui y entrèrent furent au nombre de douze,

savoir : Mesdemoiselles de Loubert, de Saint-Aubin, d'Osy, de Saint-Pars, de Butery, de Fontaines, de Gautier, de Montaigle, de Rocquemont, de Thumery, de Radouay, du Peyrou.

La supérieure des dames de Saint-Louis devait être élue tous les trois ans, à la majorité des suffrages de la communauté; les grandes charges étaient élues de même pour trois ans; ces charges étaient l'assistante, chargée d'aider la supérieure dans toutes ses fonctions, la maîtresse des novices, la maîtresse générale des classes, et la dépositaire, chargée des comptes et de la dépense. La supérieure nommait à toutes les autres charges, qui étaient les maîtresses des classes, l'économe, la portière, la maîtresse du chœur, l'infirmière, etc.

Le conseil, qu'on appelait le conseil du dedans, était composé de la supérieure, de l'assistante, de la maîtresse des novices, de la maîtresse générale des classes et de la dépositaire, et s'occupait de toutes les affaires de la maison.

Les affaires les plus importantes, ainsi que la réception des filles au noviciat et à la profession, se décidaient dans les assemblées capitulaires de la communauté. Les dames de Saint-Louis devaient être tirées autant que possible du nombre des demoiselles élevées dans la maison, et le noviciat pour être reçu était de deux ans Elles étaient appelées *Madame* avec leur nom de famille ; mais après la profession de 1693, elles n'usèrent plus entre elles que du nom de *Ma sœur*, et madame de Maintenon se conforma à leur usage, et les appela ainsi.

15 L'habit consistait en un manteau et une jupe d'étamine noire, des souliers de maroquin noir, des gants noirs bronzés ; pour coiffure, un bonnet de taffetas noir avec une gaze noire autour qui laissait voir un peu de cheveux, un ruban noir sur la tête, une coiffe de taffetas avec une espèce de voile d'épomille froncé par derrière, qui descendait aussi bas que les coudes ; sur le cou, une collerette de taffetas noir, et une croix parsemée de fleurs de lis pendante sur la poitrine ; sur cette croix étaient gravées, d'un côté, l'image du Christ, et de l'autre, l'image de saint Louis. Celle que portaient les dames était d'or, celle des sœurs converses était d'argent, et sur la croix d'or portée par la supérieure, l'image du Christ était en relief. Les dames portaient en outre un grand manteau d'église d'une légère étamine noire, dont la queue était de trois quarts de long.

L'habit des demoiselles était aussi uniforme, et consistait en un manteau et une jupe d'étamine brune, un bonnet blanc entouré d'une dentelle, qui laissait voir les cheveux, selon la mode du temps, avec un ruban noué sur la tête, de la couleur de leur classe, un tablier d'étamine, bordé du ruban de la même couleur, de même que celui de la ceinture, et elles avaient autour du col un bord de dentelle ou de mousseline qui se rattachait au manteau, qu'on ne portait qu'au chœur les jours de solennité.

[16] Le chef du conseil du dehors et directeur du temporel de Saint-Cyr fut d'abord M. de Pontchartrain, secrétaire d'État, puis successivement M. de Chamillard, qui donna sa démission en 1701, lorsqu'il devint ministre ; M Voisin, qui lui succéda et garda ces fonctions quoique devenu chancelier; M. le duc de Noailles, pair et maréchal de France; et M. d'Ormesson, conseiller d'État. Le chef du conseil travaillait avec le roi et lui présentait les placets. Ce conseil avait l'inspection et la direction générale de l'administration. Les religieuses ne pouvaient suivre aucun procès, passer transactions, aucuns baux, devis ou marchés pour une somme excédant cinquante livres, sans son avis ; et le compte de la dépense annuelle lui était chaque année soumis par la dépositaire et la secrétaire.

[17] Lettre de M. le duc de Chaulnes, ambassadeur pour le roi, a Rome, a madame de Maintenon.

« A Rome, ce 16 décembre 1689.

« Madame,

« J'ai cru ne pouvoir mieux remplir mes devoirs,
« ni m'attirer un bonheur plus assuré dans le cours
« de mon ambassade que de commencer l'exécution
« des ordres du roi par l'affaire des bulles de Saint-
« Cyr que vous me témoignâtes, madame, souhaiter
« lors que je reçus vos commandements; elle dépen-
« dait des droits du roi pour ne pas payer cent trente
« mille livres d'amortissement, dont il devait revenir
« soixante et dix mille livres au pape, et quoique la
« congrégation qui examina cette affaire crût avoir
« des raisons d'être contraire aux prétentions de Sa
« Majesté, le pape ne laissa de me faire l'honneur de
« me dire, dans ma dernière audience, que plus cette
« congrégation avait cru la prétention du roi mal fon-
« dée, plus il avait de plaisir de faire la grâce entière
« à Sa Majesté, par la vue des dépenses qu'elle faisait
« pour le soutien de la religion, et de la connaissance
« qu'il avait de votre mérite et de votre vertu; le pape
« me commanda deux fois de vous faire savoir, ma-
« dame, que votre considération l'avait fait pencher

« bien plus facilement à la concession de cette grâce,
« et je m'estime bien heureux d'avoir pu contribuer
« en quelque chose à ce qui peut vous être agréa-
« ble............

« Le duc de CHAULNES. »

[18] En or, en argent et en bronze de trente lignes ou soixante-huit millimètres. Voyez la médaille gravée au commencement du volume.

[19] Il n'y avait encore que les personnes nobles qui portassent le nom de dame ; les autres, même mariées, conservaient le nom de demoiselle. On disait mademoiselle Molière, etc.

[20] Dans le commencement, les placets, toujours adressés au roi, étaient renvoyés par lui à madame de Maintenon, qui disposait des places de Saint-Cyr. Mais bientôt elle désira que les choses fussent établies de son vivant comme elles devaient l'être après sa mort. Ce fut alors le P. Lachaise qui fut chargé de présenter les nominations à Sa Majesté ; et un peu plus tard, ce fut définitivement le conseiller d'État chargé des affaires temporelles de l'établissement qui remplit cette fonction auprès du roi.

Voici la lettre que madame de Maintenon fit

écrire au P. Lachaise par madame de Fontaines, alors supérieure :

AU NOM DE N.-S. J.-C.

De notre maison de Saint-Louis, le 25 janvier.

« Mon révérend Père,

« Madame de Maintenon ayant voulu remettre au
« roi le droit qu'il a de remplir les places de demoi-
« selles qui vaqueront chez nous, je me vois obligée
« de vous avertir qu'il y en a présentement dix. Je le
« ferai à l'avenir, mon révérend Père, par un billet
« très-précis, mais je vous supplie de me permettre
« pour la première fois de vous demander votre pro-
« tection pour une communauté à l'établissement de
« laquelle vous avez tant contribué, de vous assurer
« qu'il n'y en a point où vous soyez plus honoré, et
« de vous protester, en mon particulier, que je suis
« avec beaucoup de respect, mon révérend Père,

« Votre très-humble et très-obéissante
« servante,

« Sr de Fontaines. »

[21] Madame de Brinon, qui était un peu de l'école des *Précieuses*, écrit à mademoiselle de Scudéry, le 3 août

1688 : « Je ne saurais différer davantage à vous té-
« moigner le plaisir que vous avez fait à toute notre
« communauté ; vous avez trouvé le moyen de beau-
« coup plaire en instruisant solidement. Votre génie
« est sans déchet, et votre esprit, qui toujours fait
« l'admiration des sages, croît au lieu de diminuer.
« Madame de Maintenon, qui ne savait pas que vous
« m'aviez fait part des trésors de votre sapience,
« après avoir vu votre Morale, me l'envoya fort obli-
« geamment pour vous et pour moi, me mandant
« qu'elle voyait qu'en son absence ces livres me tien-
« draient lieu d'une bonne compagnie. Elle ne se
« trompait pas, car voulant régaler les dames de
« Saint-Louis de quelque mets d'esprit convenable à
« leur état, je leur ai lu moi-même, dans nos prome-
« nades du soir, l'*Histoire de la Morale*, qui leur a tou-
« jours fait dire, quand on a sonné la retraite, que
« l'heure avançait. » (*Lettre authographe, cabinet de
M. de Monmerqué.*)

[22] Né en 1648, madame de Maintenon le fit nommer, en 1692, évêque de Chartres ; mort en 1709.

[23] Madame de Maintenon l'avait fait nommer gouvernante des filles d'honneur de la dauphine, et le

roi, en sa considération, avait attaché à cette charge les entrées chez la princesse et dans les carrosses.

[24] On croit communément aujourd'hui qu'une lettre de cachet n'était jamais autre chose qu'un ordre d'emprisonnement. Tout ordre, de quelque nature qu'il fût, signé du roi et adressé directement, s'appelait lettre de cachet.

[25] LETTRE DE M. FERDINAND DE NEUVILLE, ÉVÊQUE DE CHARTRES, A MADAME DE LOUBERT, RELIGIEUSE DE SAINT-LOUIS, APRÈS LA RETRAITE DE MADAME DE BRINON.

« Septembre 1668.

« Ma fille, la démission de madame de Brinon me
« fait connaître que vous avez besoin d'une personne
« très-prudente et très-éclairée qui prenne soin de
« toutes vos affaires et de la conduite de votre mai-
« son ; il est inutile d'en chercher, puisque madame
« de Maintenon, dont le mérite vous est très-connu,
« veut bien vous faire cette grâce ; il ne suffit pas que
« vous ayez pour elle tout le respect dont vous êtes

« capable pour les biens qu'elle vous a procurés et
« qu'elle vous procure tous les jours, mais je suis
« persuadé qu'il est de votre intérêt d'avoir pour elle
« beaucoup de soumission, afin de profiter de ses lu-
« mières et de ses charitables conseils. Je souhaite
« donc, ma chère fille, que vous assembliez votre
« communauté et que vous leur disiez de ma part,
« que je désire qu'il ne se fasse rien dans votre maison
« soit pour l'éducation des jeunes demoiselles, soit
« pour la réception des dames, enfin pour tout ce qui
« regarde le spirituel ou le temporel, sans son ordre,
« avis et consentement; ce que je suis obligé de vous
« ordonner avec d'autant plus d'affection, que je sais
« que c'est l'intention du roi, et l'avantage de votre
« communauté, aux prières de laquelle je me recom-
« mande, vous assurant que je suis véritablement, ma
« fille, votre affectionné serviteur,

« Ferdinand de NEUVILLE,
« évêque de Chartres. »

Madame de Loubert, qui avait rempli l'intérim de madame de Brinon, fut élue supérieure, et les autres charges renouvelées : madame de Saint-Pars fut sous-prieure; madame du Peyrou, maîtresse des novices; madame de Fontaines, maîtresse des classes; madame de Radouay, dépositaire; madame Gautier, première portière et conseillère, etc.

[26] Le mariage de madame de Maintenon avec Louis XIV eut lieu en 1685.

[27] Les demoiselles, comme on l'a dit, étaient partagées en quatre classes, selon leur âge, distinguées par des rubans de différente couleur. Chaque classe était gouvernée par quatre dames, et divisée en six ou sept bandes de neuf ou dix demoiselles travaillant à des tables séparées. Chaque bande était dirigée par trois demoiselles des plus grandes et des plus sages, l'une comme chef, l'autre comme aide, la troisième comme suppléante. Chacune avait une marque de distinction. On voit que l'invention moderne de l'instruction des plus jeunes par les plus âgées était déjà en pratique à Saint-Cyr. Ces bandes étaient séparées partout, excepté au chœur, où les demoiselles étaient placées chacune dans sa classe, selon sa taille, sur quatre rangs, le long de l'église, se faisant face; tous les mouvements s'y faisaient ensemble et au signal donné, à l'aide d'un petit marteau, par la maîtresse. Le portrait de madame de Maintenon, qui était dans la salle du conseil avec ceux de la famille royale, était aussi dans chacune des classes.

La première classe était la classe bleue : on y restait de seize à vingt ans. On y choisissait les vingt demoiselles les plus âgées et les plus méritantes, qu'on distinguait par un ruban noir. Celles-ci occupaient une salle particulière, passaient sous la conduite de la maîtresse générale, pouvaient aller seules dans la maison, et elles étaient distribuées entre les dames en charge, l'infirmière, la lingère, la dépositaire, pour les aider, soit dans les classes, soit dans leurs offices, et moins pour les soulager dans leurs emplois que pour se former elles-mêmes au ménage, à l'économie, aux affaires, avant de sortir de la maison.

Il y avait encore les demoiselles au ruban de couleur de feu, qui étaient au nombre de dix, choisies parmi les plus sages de la maison, et qu'on appelait les filles de madame de Maintenon.

La classe des plus jeunes était la classe rouge.

[28] Il est fort curieux que cet air national anglais ait une origine française, et ait été composé pour Saint-Cyr. Au reste, cette origine a fait le sujet d'une grande discussion. On dit qu'un Anglais a fait un livre sur ce sujet. Ce qui reste aujourd'hui d'anciennes dames de Saint-Louis, ou de personnes élevées à Saint-Cyr, assure que la musique du *God save the king* est abso-

lument la même que celle qu'elles ont entendue dans leur communauté, où elle se conservait par tradition depuis Louis XIV, et qu'elles y ont toujours entendu dire dans leur jeunesse que c'était Lulli qui en était l'auteur.

M. Castil-Blaze, autorité en érudition musicale, raconte que visitant à Saint-Germain la salle du roi Jacques, il s'y installa pour dîner. « Je voulais, dit-il, que « ses murs fissent retentir encore des chants de leur « époque, et j'exécutai quelques airs de Lulli. Je « chantai le *Gode save the king*, air français que ce « maître composa pour madame de Maintenon, et que « Haendel prit aux choristes de Saint-Cyr, pour l'of- « frir au roi d'Angleterre. » (*Revue de Paris*, tome LIV, page 207. *Une rencontre près d'Asnières*, par Castil-Blaze.)

[29] Voir les avis de madame de Maintenon à mademoiselle d'Osmond sur son mariage. Mademoiselle d'Osmond, que madame de Maintenon eut longtemps auprès d'elle, épousa M. d'Havrincourt, gouverneur d'Hesdin.

[30] L'impératrice reine de Hongrie établit à Vienne en Autriche, en 1764, une maison à l'imitation de Saint-Cyr, chez les religieuses de la Visitation de

Sainte-Marie, et fit venir des demoiselles de Saint-Cyr pour la former et la diriger; ce furent d'abord mesdemoiselles de Fozière, de L'Enfernat et de Kula. On en fit ensuite venir d'autres.

Paul 1ᵉʳ, dans son voyage en France, se fit remettre les règlements et le plan de la maison de Saint-Cyr, et fonda sur son modèle, en Russie, la maison impériale des Filles-Nobles. On fit aussi un établissement semblable dans le Milanais, en 1786.

[31] *Acte de naissance de mademoiselle de Buonaparte.* « L'an mil sept cent soixante-dix-neuf, le quatre sep-
« tembre, dans la paroisse de Saint-Jérôme, moi sous-
« signé, archiprêtre, j'ai accompli les saintes céré-
« monies, ayant ondoyé à domicile (avec la permis-
« sion de monseigneur l'évêque) Marianne, fille du
« très-illustre M. Charles de Buonaparte, noble du
« royaume, et de la très-illustre dame Marie Lœtitia,
« son épouse, née le 3 janvier 1777. Parrain, le très-
« révérend chanoine-vicaire, M. Ignace-Mathias Costa,
« qui signe avec nous. En foi de quoi : Jean-Baptiste
« Forcioli, archiprêtre. » Voici le texte de l'acte :
« Mille sette cento settanta nove, quattro settembre,
« nella parocchia di San-Gerolamo, io sottoscritto ar-
« ciprete, ho supplito alle sacre cerimonie, avendo
« auto l'acqua in casa, colla licenza di monsignore il

« vescovo, a Marianna, figlia dell' illustrissimo signor
« Carlo de Buonaparte, nobile del regno, e della il-
« lustrissima signora Maria Letizia, sua consorte, nata
« li tre gennajo dell' anno mille sette cento settanta-
« sette. Pradino reverendissimo signor canonico-vi-
« cario Ignaccio Matteo Costa, che si sottoscrive con
« noi. In qua ad fidem : Joannes-Battista Forcioli,
« arcipresbite. »

Brevet de place à Saint-Cyr pour mademoiselle de Buonaparte. « Aujourd'hui vingt-quatre novembre mil
« sept cent quatre-vingt-trois, le roi étant à Versailles,
« bien informé que la demoiselle Marianne de Buo-
« naparte a la naissance, l'âge et les qualités requises
« pour être admise au nombre des demoiselles qui
« doivent être reçues dans la maison royale de Saint-
« Louis, établie à Saint-Cyr, ainsi qu'il est apparu par
« titres en les certificats et autres preuves, conformé-
« ment aux lettres patentes du mois de juin mil six
« cent quatre-vingt-six, et mars mil six cent quatre-
« vingt-quatorze, Sa Majesté lui a accordé une des
« deux cent cinquante places de ladite maison, enjoi-
« gnant à la supérieure de la recevoir sans délai, de
« lui faire donner les instructions convenables, et de
« la faire jouir des mêmes avantages dont jouissent
« les autres demoiselles, en vertu du présent brevet,
« que Sa Majesté a, pour assurance de sa volonté,

« signé de sa main, et fait contre-signer par moi, mi-
« nistre et secrétaire d'État et de ses commandements
« et finances. LOUIS. Le baron DE BRETEUIL. » (*Archives de la préfecture du département de Seine-et-
Oise.*)

[32] M. de Bourrienne, dans ses Mémoires, dit qu'il
l'accompagna une fois, en 1792, dans une de ses visites.

[33] Plus de trois mille familles participèrent à ce bienfait pendant les cent sept années que dura l'établissement. Trois mille cent vingt-sept demoiselles y furent élevées.

[34] *Esther* ne parut jamais au théâtre du vivant de
Racine. Ce fut en 1721 qu'on l'y joua pour la première fois.

[35] Boileau dit aussi plus tard, dans sa satire des
Femmes :

> A Paris, à la cour, on trouve, je l'avoue,
> Des femmes dont le zèle est digne qu'on le loue,
> Qui s'occupent du bien en tout temps, en tout lieu.
> J'en sais une chérie et du monde et de Dieu,
> Humble dans les grandeurs, sage dans la fortune.

Qui gémit comme Esther de sa gloire importune,
Que le vice lui-même est contraint d'estimer,
Et que sur ce tableau d'abord tu vas nommer.

[36] « A trois heures, le roi et monseigneur allèrent à Saint-Cyr, où l'on représenta pour la première fois la tragédie d'*Esther*, qui réussit à merveille. Madame de Maintenon avait disposé toutes les filles, qui chantèrent et jouèrent fort bien; et madame de Caylus fit le prologue mieux que n'aurait pu faire la Champmêlé. Le roi, les dames et les courtisans qui eurent permission d'y aller, en revinrent charmés. Il y avait de courtisans MM. de Beauvillier, de Larochefoucauld, de Noailles, de Brionne; dans le second carrosse du roi, MM. de Louvois, de Chevreuse, les évêques de Beauvais (Forbin-Janson), de Meaux (Bossuet), et de Châlons-sur-Saône, MM. de Montchevreuil et moi. » (*Journal manuscrit de Dangeau*, 26 janvier 1689.)

[37] Mademoiselle de Murçay, fille de M. le marquis de Villette, et cousine de madame de Maintenon, qui avait été élevée par elle à Noisy et à Saint-Cyr, et qui venait d'épouser M. le comte de Caylus. Le marquis de Villette était petit-fils d'Artémise d'Aubigné, fille de Théodore-Agrippa d'Aubigné, grand-père de madame de Maintenon.

[38] C'est ainsi qu'on l'appelait, parce qu'avant d'entrer à Saint-Cyr elle était chanoinesse de Poussey.

[39] « Je n'ai pu conserver l'amitié de madame de La
« Fayette, elle en mettait la continuation à trop haut
« prix. Je lui ai montré du moins que j'étais aussi
« sincère qu'elle. C'est là ce qui nous a brouillées.
« Nous l'avons été autrefois pour des bagatelles. »
(*Lettre de madame de Maintenon à madame de Saint-Géran. — Août 1684.*)

[40] « Il m'a toujours paru que vous désiriez que j'é-
« crivisse sur ce qui peut être de quelque conséquence
« dans votre maison. Je mets en ce rang les belles
« tragédies que j'ai fait composer pour vous, et qui
« peuvent être imitées à l'avenir. Mon dessein fut d'é-
« viter les mauvaises compositions des religieuses,
« telles que j'en avais vu à Noisy. Je crus qu'il fallait
« divertir les enfants, et je voulus, en amusant les
« miens, remplir leur esprit de belles choses, leur
« donner de grandes idées de la religion, élever leurs
« cœurs à l'amour de la vertu, orner et cultiver leur
« mémoire, les former à la prononciation, et les re-
« tirer des conversations qu'elles ont entre elles, sur-
« tout les grandes, qui, depuis quinze ans jusqu'à

« vingt, s'ennuient un peu de la vie de Saint-Cyr,
« parce qu'elles ne connaissent point celle du monde.
« Voilà mes raisons pour continuer chez vous ces re-
« présentations, tant que vos supérieures ne vous les
« défendront pas. Mais renfermez-les dans votre mai-
« son, ne les faites point à la grille, sous quelque
« prétexte que ce soit. Il sera toujours dangereux de
« montrer à des hommes des filles bien faites, et qui
« ajoutent aux agréments de leur personne le talent
« de se passionner dans leur rôle, et d'attendrir. N'y
« souffrez donc aucun homme, ni pauvre, ni riche,
« ni jeune, ni vieux, ni prêtre, ni laïque, je dis même
« un saint, s'il en est un sur la terre. Je ne suis pas
« sans peine sur ce que nous fîmes hier (devant
« M. d'Aubigné, alors évêque de Noyon); vous savez
« comment nous nous y engageâmes; mais, je vous
« conjure, que ce soit la dernière fois. » (*Lettre de madame de Maintenon à madame de Glapion, 25 février 1701.*)

[41] Le comte d'Ayen, depuis duc de Noailles, pair et maréchal de France, avait épousé, en 1698, mademoiselle d'Aubigné, nièce de madame de Maintenon.

[42] Lettres patentes de 1690. Il y eut six prêtres de

la Mission comme chapelains et comme confesseurs, et trois frères attachés à l'établissement, logés, nourris et meublés par la maison, dans un bâtiment à part, avec un traitement de 3,300 livres. En 1698, on porta le nombre des prêtres à huit et celui des frères à quatre.

⁴³ Madame de Maintenon reçut plusieurs brefs des papes Alexandre VIII, Innocent XII et Clément XI. On en conservait treize dans les archives de Saint-Cyr, tous remplis des témoignages de l'estime et de la considération des souverains pontifes pour elle.

⁴⁴ Madame Guyon, après avoir parcouru plusieurs provinces à la suite du P. Lacombe, religieux barnabite, qui prêchait une doctrine renouvelant en partie les erreurs de Molinos, récemment condamnées à Rome, et après avoir répandu elle-même plusieurs écrits qu'elle avait composés dans le même esprit, arriva à Paris avec le P. Lacombe en 1687. Sur les bruits qui se répandirent, et sur les menées secrètes dont on les accusa, le P. Lacombe et elle furent arrêtés, et elle fut confiée aux religieuses de la Visitation de la rue Saint-Jacques.

NOTES. 209

[45] *Lettre du roi Louis XIV à la supérieure et aux dames de la maison de Saint-Louis à Saint-Cyr.*

« L'intérêt particulier que je prends au bien de
« votre maison, et la connaissance que j'ai de quel
« préjudice il serait pour elle que les dames du Tour,
« de la Maisonfort et de Montaigle, qui en sont sorties
« par mon ordre, avec l'obédience du sieur évêque
« de Chartres, pour les raisons que j'ai connues et
« que je lui ai communiquées, y rentrassent quelque
« jour, m'engageant de vous déclarer ici que mon in-
« tention, en les renvoyant, a été que ce fût sans es-
« pérance de retour, et pour vous mettre à couvert
« des entreprises qu'elles pourraient faire sur cela à
« l'avenir; après y avoir bien pensé par toute mon au-
« torité de roi et de fondateur, je vous défends, et à
« toutes celles qui vous succéderont, de souffrir ja-
« mais que ces trois dames rentrent parmi vous sous
« quelque prétexte que ce soit. Je ne doute pas que
« tous ceux qui voudraient peut-être par la suite les
« y faire rentrer ne soient arrêtés par une déclaration
« aussi expresse que celle de ma volonté. Fait à Com-
« piègne, le 5 septembre 1698.

« Signé LOUIS. »

[46] Le récit de ce qui se passa durant ces quatre
dernières années de la vie de madame de Maintenon,

ainsi que celui de sa mort, qui eut lieu à Saint-Cyr en 1719, trouveront leur place dans le dernier chapitre de l'ouvrage.

⁴⁷ Cependant en 1756, à la demande des princes, on construisit un théâtre, et l'on joua les deux tragédies devant la reine, M. le dauphin, madame la dauphine, mesdames de France, etc. A cette occasion, la reine fit faire un changement à l'habillement des demoiselles, et demanda qu'elles portassent un corps de robe et des manchettes de cour.

⁴⁸ Le fonds de 60,000 livres pour les dots avait été calculé sur la sortie probable de vingt élèves par an. Ce nombre fut dépassé, et plusieurs furent obligées d'attendre leur paiement. Louis XVI donna, en 1777 une somme de cinquante mille écus pour cet objet.

⁴⁹ Elle était née en 1701, avait été élevée à Saint-Cyr, et avait dix-huit ans quand madame de Maintenon mourut. Elle avait fait profession en 1727.

⁵⁰ Le premier jour, le discours fut prononcé par M. l'abbé L'Enfant, prédicateur ordinaire du roi, en présence de M. l'archevêque de Paris, officiant; le second, par M. François, prêtre de la congrégation de la Mission de Saint-Lazare, M. Jacquier, supérieur

de la même congrégation, officia ; le troisième, par l'abbé Duserre-Figon, en présence de M. l'évêque de Chartres, alors M. de Lubersac, évêque diocésain, qui officia, et en présence d'un nombreux auditoire, de M. d'Ormesson, conseiller d'État, chef du conseil pour la direction du temporel de Saint-Cyr, etc.

[51] L'ordre de la marche des demoiselles était disposé de manière à ce qu'elle ne passassent jamais sur la tombe de madame de Maintenon, qui était placée au milieu de la nef.

[52] A partir du mois de janvier 1791, Saint-Cyr dépouillé de ses biens et ne recevant aucun secours du gouvernement, quoique celui-ci se fût engagé, par décret du 8 octobre 1790, en supprimant les maisons religieuses, à tenir compte, à celles qui étaient consacrées à l'éducation ou au soulagement des malades, de la totalité de leurs revenus ; Saint-Cyr ne subsista que par ses propres ressources, c'est-à-dire par le recouvrement de ses fermages arriérés et autres dettes, sa bonne administration et l'économie industrieuse des dames qui gouvernaient la maison.

[53] L'original de cette pièce, écrite en entier de la

main de Napoléon, et dont on donne ici une copie exacte, est conservé dans les archives du département de Seine-et-Oise, à Versailles. Au bas est écrit :

« J'ai l'honneur de faire observer à MM. les admi-
« nistrateurs, que n'ayant jamais connu d'autre père
« que mon frère, si ses affaires l'obligeaient à partir
« sans qu'il ne m'amenât avec luy, je me trouverais
« dans une impossibilité absolue d'évacuer la maison
« de Saint-Cyr.

« Avec respect,

« MARIANNE BUONAPARTE. »

Sur le verso il est écrit :

« Nous, maire et officiers municipaux de Saint-Cyr,
« district de Versailles, département de Seine-et-
« Oise, nous étant transportés à la maison de Saint-
« Louis, établie en ce lieu, et nous étant fait repré-
« senter les brevets et autres titres, nous avons re-
« connu que la demoiselle Marianne Buonaparte, née
« le 3 janvier 1777, est entrée, le 22 juin 1784,
« comme élève de ladite maison de Saint-Louis, et y
« est encore dans la même qualité. Elle nous aurait
« témoigné le désir qu'elle aurait de profiter de l'oc-
« casion du retour de son frère et tuteur pour rentrer
« dans sa famille.

« Vu les différentes choses que nous venons d'é-

« noncer, et l'embarras où se trouverait ladite demoi-
« selle de faire un voyage aussi long, seule, et dès
« lors de l'impossibilité absolue où elle serait d'éva-
« cuer la maison de Saint-Louis pour le 1ᵉʳ octobre,
« en conformité de la loi du 7 août dernier, nous
« n'empêchons et croyons même qu'il est nécessaire
« de faire droit à la demande dudit sieur et demoiselle
« Buonaparte.

« Fait et délivré à Saint-Cyr, au greffe municipal,
« cejourd'hui 1ᵉʳ septembre 1792, le quatrième de la
« liberté et le premier de l'égalité. Et avons signé et
« approuvé. Deux mots rayés comme nuls.

« AUBRUN, maire; HONDIN, secrétaire-greffier.

« Vu la pétition de l'autre part, l'extrait du procès-
« verbal de l'Assemblée nationale du seize de ce mois,
« et le certificat de la municipalité de Saint-Cyr ;

« Ouï M. le commissaire syndic, le Directoire est
« d'avis qu'il y a lieu de délivrer au profit de la de-
« moiselle Buonaparte un mandat de la somme de
« trois cent cinquante-deux livres pour se rendre à
« Ajaccio, en Corse, lieu de sa naissance et de la ré-
« sidence de sa famille, distant de trois cent cin-
« quante-deux lieues ; qu'en conséquence, le sieur
« Buonaparte est autorisé à retirer de la maison de

« Saint-Cyr la demoiselle sa sœur, avec les hardes et
« linge à son usage.
« Pour copie.
« CORDERANT, secrétaire. »

(*Extrait du registre des délibérations du Directoire du district de Versailles, du 1er septembre 1792, 4e de la liberté, 1er de l'égalité.*)

[54] Après leur dispersion, les dames de Saint-Louis continuèrent à s'élire des supérieures. Madame d'Elpéroux fut élue après la mort de madame d'Ormenans; elle mourut en 1824, et il restait trop peu de dames alors pour qu'on procédât à une nouvelle élection. Il n'en reste plus que deux aujourd'hui : madame de Montgon et madame de Durat.

[55] Les restes de madame de Maintenon ont été retrouvés, recueillis avec respect, et replacés dans un tombeau élevé exprès dans la chapelle de Saint-Cyr, en 1836, par les soins de M. le général Baraguay-d'Hilliers, commandant de l'École, et d'après les ordres du ministre.

FIN.

ERRATA.

Page 15, ligne 8, *Après ces mots :* édifice des Invalides, *ajoutez* le chiffre [9].

— 56, — 11, *Au lieu de :* sur une dame, *lisez :* vers une dame.

— 59, — 15, *Après ces mots :* qu'avec peine, *supprimez* le chiffre [26].

— 86, — 18, *Au lieu de :* Madame du Peyrou, *lisez :* Madame du Pérou.

— 167, — 7, *Au lieu de :* lni, *lisez :* lui.

— 174, — 2 de la note, *Au lieu de :* la comtesse Charles de Vivonne, *lisez :* la comtesse Charles de Divonne.

— 190, — 4, *Au lieu de :* du Peyrou, *lisez :* du Pérou.

— 196, — 11, *Au lieu de :* qu'elle voyait, *lisez :* qu'elle croyait.

— 197, — 12, *Au lieu de :* Septembre 1668, *lisez :* Décembre 1688.

— 198, — 25, *Au lieu de :* madame du Peyrou, *lisez :* madame du Pérou.

— 201, — 20, *Au lieu de :* M. d'Havrincourt, *lisez :* M. le marquis d'Havrincourt.

— 206, — 7, *Au lieu de :* C'est là ce qui nous a brouillées, *lisez :* C'est le duc qui nous a brouillées.

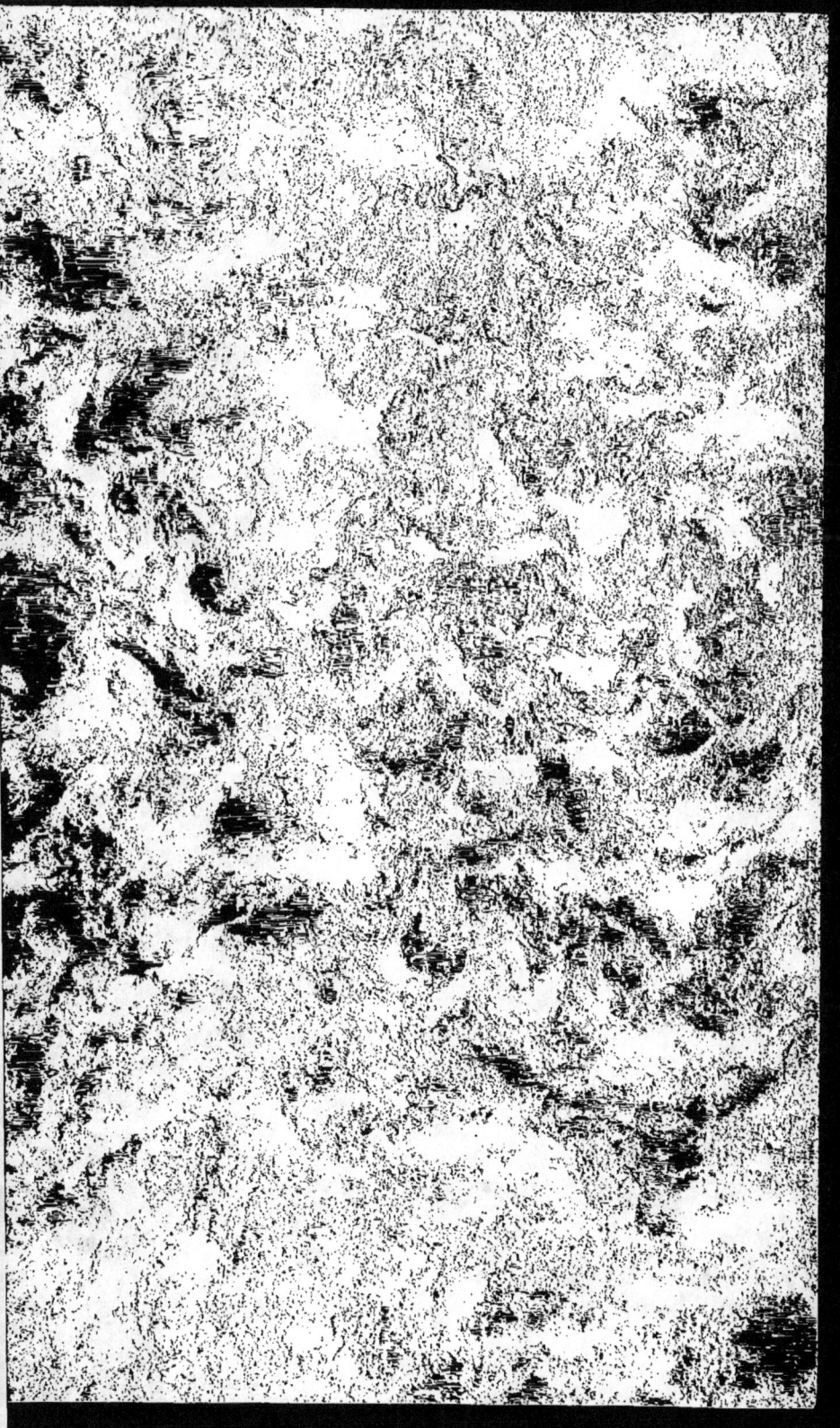

www.ingramcontent.com/pod-product-compliance
Lightning Source LLC
Chambersburg PA
CBHW070654170426
43200CB00010B/2228